No Excuse!

没有任何借口
I+II

施伟德 著

哈尔滨出版社
HARBIN PUBLISHING HOUSE

图书在版编目（CIP）数据

没有任何借口. Ⅰ+Ⅱ／施伟德著. —哈尔滨：哈尔滨出版社，2013.4（2024.4重印）
ISBN 978-7-5484-1399-8

Ⅰ.①没… Ⅱ.①施… Ⅲ.①企业管理 Ⅳ.①F270

中国版本图书馆CIP数据核字（2013）第002734号

书　　　名：	没有任何借口. Ⅰ+Ⅱ

MEIYOU RENHE JIEKOU. Ⅰ+Ⅱ

作　　　者：	施伟德　著
责任编辑：	尉晓敏　孙　迪
版式设计：	张文艺
封面设计：	田晗工作室
出版发行：	哈尔滨出版社（Harbin Publishing House）
社　　　址：	哈尔滨市香坊区泰山路82-9号　邮编：150090
经　　　销：	全国新华书店
印　　　刷：	三河市兴达印务有限公司
网　　　址：	www.hrbcbs.com
E-mail：	hrbcbs@yeah.net

编辑版权热线：（0451）87900271　87900272
销售热线：（0451）87900202　87900203

开　　　本：	720mm×1000mm　1/16　印张：14　字数：200千字
版　　　次：	2013年4月第1版
印　　　次：	2024年4月第4次印刷
书　　　号：	ISBN 978-7-5484-1399-8
定　　　价：	48.00元

凡购本社图书发现印装错误，请与本社印制部联系调换。
服务热线：（0451）87900279

No Excuse !

目 录 CONTENTS

没有任何借口（Ⅰ）

序　言　千万别找借口 10

第一章
没有任何借口

1．没有任何借口 2
2．借口是拖延的温床 5
3．借口的实质是推卸责任 8
4．找借口，不如说"我不知道" 11
5．不要让借口成为习惯 13
6．执行，不找任何借口 15

第二章
服从，行动的第一步

1．视服从为美德 19
2．说谎是最大的罪恶 21
3．纪律——敬业的基础 23
4．对立情绪要不得 25

No Excuse !

目 录
CONTENTS

5. 工作中无小事 28
6. 记住，这是你的工作！ 30
7. 立即行动 32

第三章
工作就意味着责任

1. 天赋责任，不容推卸 35
2. 工作就意味着责任 37
3. 负责任的人是成熟的人 40
4. 真正的负责是对结果负责 42
5. 养成承担责任的习惯 46
6. 忠诚是无价之宝 49
7. 忠诚是一丝不苟的责任 51
8. 忠诚是公司的命脉 53

第四章
做最优秀的员工

1. 焕发崇高而伟大的岗位激情 58

No Excuse !

目 录
CONTENTS

2. 多加一盎司，工作就大不一样 60
3. 只要去找，就一定有办法 62
4. 老板心目中的优秀员工 65
5. 做最优秀的员工 66
6. 全力以赴 68

第五章
超越雇用关系

1. 工作是我们要用生命去做的事 73
2. 怀抱一颗感恩的心 75
3. 带着热情去工作 78
4. 选择激情，选择完美 80
5. 自动自发地工作 82
6. 努力工作，优劣自有评说 84
7. 更好更强更完善 86

No Excuse!

目录 CONTENTS

没有任何借口（II）

序　言　工作，绝不找借口 91

第一章
工作中你有这15种借口吗

1. 消灭不负责任的借口——"这件事情不是我定的" 94
2. 消灭不找方法的借口——"这件事情的难度太大了" 95
3. 消灭努力不够的借口——"我的能力有限，我是新手" 97
4. 消灭拖拉松垮的借口——"时间早着呢" 99
5. 消灭低效率的借口——"这件事情我一直在折腾" 101
6. 消灭畏惧学习和成长的借口——"我现在这样就很好" 103
7. 消灭谋取私利并损害团队利益的借口——"公司的利益没有我的利益重" 104
8. 消灭自我情绪失控的借口——"我的性格就这样，连我的父母都管不了我" 106
9. 消灭不谦虚谨慎的借口——"我真的不觉得我不如别人" 108
10. 消灭因循守旧的借口——"我觉得改变自己很难" 110

No Excuse !

目 录 CONTENTS

11. 消灭不守时间的借口——"对不起，又堵车了" 111
12. 消灭不主动的借口——"这件事情老板从未吩咐过我" 113
13. 消灭不追求完美的借口——"我觉得已经做得很好了" 115
14. 消灭自私自利的借口——"各扫门前雪，别人的事
    与我无关" 117
15. 消灭不专业的借口——"这件事情糊弄糊弄就得了，
    没有多少技术含量" 119

第二章
职场体现人生最大价值，努力工作绝不找借口

1. 爱岗敬业做职场模范，没有任何借口 122
2. 优秀员工找方法，平庸员工找借口 125
3. 喜欢找借口的员工都是空谈派 128
4. 清零借口，发展自己高于一切 130
5. 借口不是挡箭牌，问题和困难是逃脱不掉的 132
6. 成绩和结果不是"踢皮球"踢出来的 134

No Excuse !

目录 CONTENTS

7. 借口越多，漏洞和失误就越多，你就越倒霉 136

第三章
服从命令并履行职责，杜绝任何借口

1. 服从命令并履行职责，不找托词 140
2. 勇挑重担，就算被命令去摘星星也要摘下来 142
3. 永不满足，潜能是无限的，勤于开发自我 143
4. 细节决定成败，大事小事都精细，不为疏忽找借口 145
5. 行动说明一切，执行给力，不做冬天里的寒号鸟 147
6. 激情就是战斗力，坚持事业信仰不找借口 148

第四章
尽善尽美给力工作，百分百排除任何借口

1. 责任到位，不做公司在野党，对公司负责就是对自己负责 ... 152
2. 执行到位，努力到最后一刻，将工作做到极致 154

No Excuse!

目录 CONTENTS

3．心态到位，紧跟队伍，没有任何借口 156

4．姿态到位，不看别人做什么，只看自己做多少 158

5．感情到位，只要团队需要，再有委屈也要服从集体 160

6．脑子到位，多想办法，多跑腿，带着大脑工作 161

7．精力到位，全身心投入工作，全心全意为公司 163

第五章
站好队伍，问题面前一马当先，不找任何借口

1．第一时间解决问题，做问题终结者，不做邋遢先生 166

2．工作不伤身，承担责任要比找借口推托来得实际 167

3．公司兴亡人人有责，捍卫公司利益是天职，没有

任何借口 169

4．懂得回馈，感恩公司没有任何借口 171

5．诚实守信，遵守公司纪律，没有任何借口 173

6．强化服务精神，善待客户没有任何借口 175

7．奉献是美德，多耕耘，少索取，超越公司的期望值 177

No Excuse!

目录
CONTENTS

第六章
积极职场，心怀坦荡，不为抱怨找借口

1. 与其抱怨别人，不如反省自我 ………………………………… 180
2. 与其以抱怨来对抗，不如以行动来改变 ……………………… 181
3. 与其抱怨收获少，不如努力去耕耘 …………………………… 183
4. 与其抱怨自己太忙，事太多，不如改变工作方法
   和统筹技巧 ……………………………………………………… 185
5. 与其羡慕别人做得好、拿得多和升得快，不如
   俯身多请教、多充电 …………………………………………… 187
6. 与其埋怨人际关系很冷、很乱，不如用心多经营 ………… 188

第七章
做解决问题的实干派，抛弃借口做大自己

1. 解决公司的问题就是加薪升职的机会 ………………………… 192
2. 自己的问题就是提高完善自我的机会 ………………………… 193

No Excuse !

目 录
CONTENTS

3. 老板的问题就是你赢得信任和器重的机会 195
4. 同事的问题就是你构建人脉获得友谊的机会 197
5. 客户的问题就是你积累业绩的机会 198
6. 对手的问题就是你脱颖而出的机会 200
7. 朋友的问题就是你回报友谊并积累人心的机会 202

附录
一个职业经理人写给员工的一封信 204

No Excuse !

序言

千万别找借口

在美国西点军校，有一个广为传诵的悠久传统，学员遇到军官问话时，只能有四种回答："报告长官，是"、"报告长官，不是"、"报告长官，不知道"、"报告长官，没有任何借口"。除此以外，不能多说一个字。

"没有任何借口"是美国西点军校200年来奉行的最重要的行为准则，是西点军校传授给每一名新生的第一个理念。它强化的是每一名学员想尽办法去完成任何一项任务，而不是为没有完成任务去寻找借口，哪怕是看似合理的借口。秉承这一理念，无数西点毕业生在人生的各个领域取得了非凡的成就。

千万别找借口！在现实生活中，我们缺少的正是那种想尽办法去完成任务，而不是去寻找任何借口的人。在他们身上，体现出一种服从、诚实的态度，一种负责、敬业的精神，一种完美的执行能力。

在工作中，我们经常能够听到的是各种各样的借口：

"那个客户太挑剔了，我无法满足他。"

"我可以早到的，如果不是下雨。"

"我没有在规定的时间里把事做完，是因为……"

"我没学过。"

"我没有足够的时间。"

"现在是休息时间，半小时后你再来电话。"

"我没有那么多精力。"

"我没办法这么做。"

……

其实，在每一个借口的背后，都隐藏着丰富的潜台词，只是我们不好

No Excuse!

意思说出来，甚至我们根本就不愿说出来。借口让我们暂时逃避了困难和责任，获得了些许心理的慰藉。但是，借口的代价却无比高昂，它给我们带来的危害一点也不比其他任何恶习少。

归纳起来，我们经常听到的借口主要有以下五种表现形式。

1. 他们做决定时根本就没有征求过我的意见，所以这个不应当是我的责任。

许多借口总是把"不"、"不是"、"没有"与"我"紧密联系在一起，其潜台词就是"这事与我无关"，不愿承担责任，把本应自己承担的责任推卸给别人。一个团队中，是不应该有"我"与"别人"的区别的。一名没有责任感的员工，不可能获得同事的信任和支持，也不可能获得上司的信赖和尊重。如果人人都寻找借口，无形中会提高沟通成本，削弱团队协调作战的能力。

2. 这几个星期我很忙，我尽快做。

找借口的一个直接后果就是容易让人养成拖延的坏习惯。如果细心观察，我们很容易就会发现在每个公司里都存在着这样的员工：他们每天看起来忙忙碌碌，似乎尽职尽责了，但是，他们把本应一个小时完成的工作变得需要半天的时间甚至更多。因为工作对于他们而言，只是一个接一个的任务，他们寻找各种各样的借口，拖延逃避。这样的员工会让每一名管理者头痛不已。

3. 我们以前从没那么做过或这不是我们这里的做事方式。

寻找借口的人都是因循守旧的人，他们缺乏一种创新精神和自动自发工作的能力，因此，期许他们在工作中做出创造性的成绩是徒劳的。借口会让他们躺在以前的经验、规则和思维惯性上舒服地睡大觉。

4. 我从没受过适当的培训来干这项工作。

这其实是为自己的能力或经验不足而造成的失误寻找借口，这样做显然是非常不明智的。借口只能让人逃避一时，却不可能让人如意一世。没有谁天生就能力非凡，正确的态度是正视现实，以一种积极的心态去努力学习、不断进取。

5. 我们从没想过赶上竞争对手，在许多方面人家都超出我们一大截。

当人们为不思进取寻找借口时，往往会这样表白。借口给人带来的严

No Excuse !

重危害是让人消极颓废,如果养成了寻找借口的习惯,当遇到困难和挫折时,不是积极地去想办法克服,而是去找各种各样的借口。其潜台词就是"我不行"、"我不可能",这种消极心态剥夺了个人成功的机会,最终让人一事无成。

优秀的员工从不在工作中寻找任何借口,他们总是把每一项工作尽力做到超出客户的预期,最大限度地满足客户提出的要求,而不是寻找各种借口推诿;他们总是出色地完成上级安排的任务,替上级解决问题;他们总是尽全力配合同事的工作,对同事提出的帮助要求,从不找任何借口推托或延迟。

是的,千万别找借口!美国成功学家格兰特纳说过这样一句话:如果你有自己系鞋带的能力,你就有上天摘星的机会!让我们改变对借口的态度,把寻找借口的时间和精力用到努力工作中来。因为工作中没有借口,人生中没有借口,失败没有借口,成功也不属于那些寻找借口的人!

第一章 No Excuse！没有任何借口

No Excuse !

没有任何借口

*

"没有任何借口"是西点军校奉行的最重要的行为准则,它强化的是每一名学员想尽办法去完成任何一项任务,而不是为没有完成任务去寻找任何借口,哪怕是看似合理的借口。

每个企业都需要安德鲁·罗文这样的员工。如果不是秉持着"没有任何借口"这一最重要的行为准则,把信送给加西亚将是不可想象的。

*

在西点军校,麦肯罗作为新生学到的第一课,是来自一位高年级学员冲着他的大声训导。他告诉麦肯罗,不管什么时候遇到学长或军官问话,只能有四种回答:"报告长官,是"、"报告长官,不是"、"报告长官,没有任何借口"、"报告长官,我不知道"。除此之外,不能多说一个字。

学长曾问麦肯罗:"你为什么不把鞋擦亮?"他说:"哦,鞋脏了,我没时间擦。"这样的回答得到的只能是一顿训斥。因为军官要的只是结果,而不是喋喋不休、长篇大论的辩解!西点军校让学员明白这样的道理:如果你不得不带队出征,那就别找什么借口了,并在当晚给士兵的母亲写信。如果你不得不解雇公司的数千名员工,那也没什么借口,因为你本应预见到要发生的事,并提前寻找对策。

"没有任何借口"是西点军校奉行的最重要的行为准则,它强化的是每一名学员想尽办法去完成任何一项任务,而不是为没有完成任务去寻找任何借口,哪怕是看似合理的借口。其目的是为了让学员学会适应压力,培养他们不达目的不罢休的毅力。它让每一名学员懂得:工作中是没有任何借口的,失败是没有任何借口的,人生也没有任何借口。

"没有任何借口"看起来似乎很绝对、很不公平,但是人生并不是永远公平的。西点军校就是要让学员明白:无论遭遇什么样的环境,都必须学会对自己的一切行为负责!学员在校时只是年轻的军校学生,但是日后面对的却是自己和其他人的生死存亡乃至整个国家的安全。在生死关头,你

No Excuse！

还能到哪里去找借口？哪怕最后找到了失败的借口又能如何？"没有任何借口"的训练，让西点军校学员养成了毫不畏惧的决心、坚强的毅力、完美的执行力以及在限定时间内把握每一分每一秒去完成任何一项任务的信心和信念。

在西点军校新生的前辈学员中，有很多人都是"没有任何借口"这一理念最完美的执行者和诠释者。伟大的罗文上校是这样，如果不是秉持着"没有任何借口"这一最重要的行为准则，把信送给加西亚将是不可想象的。伟大的巴顿将军也是这样。1916年，作为美国墨西哥远征军总司令潘兴将军副官的巴顿，也有过一次类似的送信的经历。巴顿将军在他的日记中写道：

有一天，潘兴将军派我去给豪兹将军送信。但我们所了解的关于豪兹将军的情报只是说他已通过普罗维登西区牧场。天黑前我赶到了牧场，碰到第7骑兵团的骡马运输队。我要了两名士兵和三匹马，顺着这个连队的车辙前进。走了没多远，又碰到了第10骑兵团的一支侦察巡逻兵。他们告诉我们不要再往前走了，因为前面的树林里到处都是维利斯塔人。我没有听，沿着峡谷继续前进。途中遇到了费切特将军（当时是少校）指挥的第7骑兵团的一支巡逻队。他们劝我们不要往前走了，因为峡谷里到处都是维利斯塔人。他们也不知道豪兹将军在哪里。但是我们继续前进，最后终于找到了豪兹将军。

西点军校校友莱瑞·杜瑞松上校也是这样。

莱瑞·杜瑞松在第一次奉派外地服役的时候，有一天连长派他到营部去，交代给他7项任务：要去见一些人，要请示上级一些事；还有些东西要申请，包括地图和醋酸盐（当时醋酸盐严重缺货）。莱瑞·杜瑞松下定决心把7项任务都完成，虽然他并没有把握要怎么去做。果然事情并不顺利，问题就出在醋酸盐上。莱瑞·杜瑞松滔滔不绝地向负责补给的中士说明理由，希望这位中士能从仅有的存货中拨出一点。莱瑞·杜瑞松一直缠着这位中士，到最后不知道是被莱瑞·杜瑞松说服了，相信醋酸盐确实有重要的用途，还是眼看没有其他办法能够摆脱，这位中士终于给了他一些醋酸盐。

莱瑞·杜瑞松回去向连长复命的时候，连长并没有多说话，但是很显

No Excuse！

然连长有些意外，因为要在短时间内完成7项任务确实非常不容易。或者换句话说，即使莱瑞·杜瑞松不能完成任务，也是可以找到借口的。但是莱瑞·杜瑞松根本就没有想到去找借口，他心里根本就没有过失败的念头。

但是，不幸的是，在生活和工作中，我们经常会听到这样或那样的借口。借口在我们的耳畔窃窃私语，告诉我们不能做某事或做不好某事的理由，这些借口好像是"理智的声音"、"合情合理的解释"，冠冕而堂皇。上班迟到了，会有"路上堵车"、"手表停了"、"今天家里事太多"等等借口；业务拓展不开、工作无业绩，会有"制度不行"、"政策不好"或"我已经尽力了"等等借口；事情做砸了有借口，任务没完成有借口。只要有心去找，借口无处不在。做不好一件事情，完不成一项任务，有成千上万条借口在那儿响应你、声援你、支持你，抱怨、推诿、迁怒、愤世嫉俗成了最好的解脱。借口就是一面敷衍别人、原谅自己的"挡箭牌"，就是一个掩饰弱点、推卸责任的"万能器"。有多少人把宝贵的时间和精力放在了如何寻找一个合适的借口上，而忘记了自己的职责和责任。

寻找借口唯一的好处，就是把属于自己的过失掩饰掉，把应该自己承担的责任转嫁给社会或他人。这样的人，在企业中不会成为称职的员工，也不是企业可以期待和信任的员工；在社会上不是大家可信赖和尊重的人。这样的人，注定只能是一事无成的失败者。

试想想，如果你与某人约好时间见面，而他迟到了，见面张口就说：路上车太多了，或者是他在门口迷路了等等，你会怎么想？生活中只有两种行为：要么努力地表现，要么就是不停地辩解。没有人会喜欢辩解的，那些动辄就说"我以为、我猜、我想、大概是"的人，想想吧，你们从这些话中得到了些什么？

当然，我们并不能解决"路上堵车"的问题，我们也不太可能等外部条件都完善了再开始工作，但就是在这种既定的环境中，就是在现有的条件下，我们同样可以把事情做到极致！我们无法改变或支配他人，但一定能改变自己对借口的态度——远离借口的羁绊，控制借口对自己的影响力，坚定完成任务的信心和决心。越是环境艰难，越是敢于承担责任，锲而不舍、坚韧不拔，就一定能消除借口这条"寄生虫"的侵扰。很多借口其实都

No Excuse !

是我们自己找来的，牵强附会。同样我们也完全可以远离、抛弃它们。

"没有任何借口"不是冷漠或缺乏人情。打一个极端的比方，假设迟到一分钟，你就要被枪毙，这时你还会让借口发生吗？而这样的情况，在战场上，在商场上，随时都有可能发生。

"没有任何借口"还体现出一种完美的执行能力。每个企业都需要罗文这样的员工。如果上司命令把某项任务"解决了"，而执行的员工却回答说："找不到人啊，无从下手啊，不会开机器啊，没有原料啊……"最后，上司急了，你闪开，让我来干。这样的员工不但会被淘汰出局，这样的企业也会有生存危险的。

借口是拖延的温床

*

> 借口是拖延的温床。习惯性的拖延者通常也是制造借口与托词的专家。他们每当要付出劳动，或要做出抉择时，总会找出一些借口来安慰自己，总想让自己轻松些、舒服些。我相信，对那些做事拖延的人和总有各种各样借口的人，是不可能抱以太高的期望的。

*

借口是拖延的温床，习惯性的拖延者通常也是制造借口与托词的专家。这类人无法做出承诺，只想找借口。他们总是经常为了没做某些事而制造借口，或想出千百个理由为事情未能按计划实施而辩解。这样的人是不可能成为好员工的，他们也不可能有完美成功的人生。有一位在行业内小有名气的老板说："在我的公司里，我会让这样的人统统滚蛋。"

在西点军校，新学员接受的第一个观念就是，没有任何借口，不要拖延，立即行动！如果第一次你因疏忽或别的原因没有及时擦亮你的皮鞋，你以种种借口逃脱了惩罚，第二次、第三次……久而久之，至少在擦皮鞋这件事上，你可能就会养成寻找借口的习惯，而这些借口又会让你对擦皮鞋这件事无故拖延。

No Excuse !

想想吧，如果不是擦皮鞋，而是在战场上，在修筑工事，在对敌冲锋……这样的习惯将会造成多么可怕的后果啊！

这不是把问题绝对化，其实，商场就是战场，工作就如同战斗。要想在商场上立于不败之地，就必须拥有一支高效的、能战斗的团队。任何一个经营者都知道，对那些做事拖延的人，是不可能给予太高的期望的。

今天该做的事拖到明天完成，现在该打的电话等到一两个小时后才打，这个月该完成的报表拖到下一个月，这个季度该达到的进度要等到下一个季度……不知道喜欢拖延的人哪儿来的这么多的借口：工作太无聊、太辛苦，工作环境不好，老板脑筋有问题，完成期限太紧，等等。但有一点可以确定，这样的员工肯定是不努力工作的员工，至少，是没有良好工作态度的员工。他们找出种种借口来蒙混、欺骗管理者，他们是不负责任的人。

凡事都留待明天处理的态度就是拖延，这是一种很坏的工作习惯。每当要付出劳动时，或要做出抉择时，总会为自己找出一些借口来安慰自己，总想让自己轻松些、舒服些。奇怪的是，这些经常喊累的拖延者，却可以在健身房、酒吧或购物中心流连数个小时而毫无倦意。但是，看看他们上班的模样！你是否常听他们说："天啊，真希望明天不用上班。"带着这样的念头从健身房、酒吧、购物中心回来，只会感觉工作压力越来越大。

一些组织的负责人常常纳闷，为什么有的人如此善于找借口，却无法将工作做好，这的确是一件非常奇怪的事。因为不论他们用多少方法来逃避责任，该做的事，还是得做。而拖延是一种相当累人的折磨，随着完成期限的迫近，工作的压力反而与日俱增，这会让人觉得更加疲倦不堪。

拖延的背后是人的惰性在作怪，而借口是对惰性的纵容。人们都有这样的经历，清晨闹钟将你从睡梦中惊醒，想着该起床上班了，同时却感受着被窝的温暖，一边不断地对自己说该起床了，一边又不断地给自己寻找借口"再等一会儿"，于是又躺了5分钟，甚至10分钟……

对付惰性最好的办法就是根本不让惰性出现，千万不能让自己拉开和惰性开仗的架势。往往在事情的开端，总是积极的想法在先，然后当头脑中冒出"我是不是可以……"这样的问题时，惰性就出现了，"战争"也就开始了。一旦开仗，结果就难说了。所以，要在积极的想法一出现时马上行

No Excuse !

动，让惰性没有乘虚而入的可能。

以下一些建议，是一位日后成为美国一家大公司总裁的西点军校学员，从他的西点军校生活及后来的职业经历中总结出来的，我相信，这些建议，对那些决心改变自己的拖延者而言，是有积极意义的。事实上，这也是很多知名企业培训员工的一项重要内容。

(1) 列出你立即可做的事。从最简单、用很少的时间就可完成的事开始。

(2) 每天从事一项明确的工作，而且不必等待别人的指示就能够主动去完成。

(3) 运用切香肠的技巧。所谓切香肠的技巧，就是不要一次性吃完整根香肠，而是把它切成小片，一小口一小口地慢慢品尝。同样的道理也可以用在你的工作上：先把工作分成几个小部分，分别详列在纸上，然后把每一部分再细分为几个步骤，使得每一个步骤都可在一个工作日之内完成。

每次开始一个新的步骤时，不到完成，绝不离开工作区域。如果一定要中断的话，最好是在工作告一个段落时。

(4) 到处寻找，每天至少找出一件对其他人有价值的事情去做，而且不期望获得报酬。

(5) 每天要将养成这种主动工作习惯的价值告诉别人，至少要告诉一个人。

(6) 在日程表上记下所有的工作日志。

把开始日期、预定完成日期以及其间各阶段的完成期限记下来。不要忘了切香肠的原则：分成小步骤来完成。这一方面能减轻压力，另一方面还能保留推动你前进的适当压力。

有了寻找借口的恶习，做起事来往往就会不诚实。这样，你的工作必定遭人轻视，从而会轻视你的人品。工作是生活的一部分，粗劣的工作，就会造成粗劣的生活。做着粗劣的工作，不但使工作的效能降低，而且还会使人丧失做事的才能。

超越平庸，选择完美。这是一句值得我们每个人一生追求的格言。工作中如此，做人也如此。有无数人因为养成了轻视工作、马虎拖延的习惯，以及对手头工作敷衍了事的态度，终导致一生处于社会底层，不能出人头地。

No Excuse !

借口的实质是推卸责任

*

任何借口都是推卸责任,在责任和借口之间,选择责任还是选择借口,体现了一个人的工作态度。有了问题,特别是难以解决的问题,可能让你懊恼万分。这时候,有一个基本原则可用,而且永远适用。这个原则非常简单,就是永远不放弃,永远不为自己找借口。

*

美国成功学家格兰特纳说过这样一句话:如果你有自己系鞋带的能力,你就有上天摘星的机会!一个人对待生活、工作的态度是决定他能否做好事情的关键。首先改变一下自己的心态,这是最重要的!很多人在工作中寻找各种各样的借口来为遇到的问题开脱,并且养成了习惯,这是很危险的。

在我们日常生活中,常听到这样一些借口:考试不及格,会有"出题太偏"、"题量太大"的借口;做生意赔了本有借口;工作、学习落后了也有借口……只要有心去找,借口总是有的。

久而久之,就会形成这样一种局面:每个人都努力寻找借口来掩盖自己的过失,推卸自己本应承担的责任。

我们经常听到的借口主要有以下几种类型:

(1)他们做决定时根本不理我说的话,所以这个不应当是我的责任(不愿承担责任)。

(2)这几个星期我很忙,我尽快做(拖延)。

(3)我们以前从没那么做过或这不是我们这里的做事方式(缺乏创新精神)。

(4)我从没受过适当的培训来干这项工作(不称职、缺少责任感)。

(5)我们从没想过赶上竞争对手,在许多方面他们都超出我们一大截(悲观态度)。

No Excuse!

不愿承担责任、拖延、缺乏创新精神、不称职、缺少责任感、悲观态度，看看吧，那些看似冠冕堂皇的借口背后隐藏着多么可怕的东西啊！

你要经常问自己：你热爱目前的工作吗？你在周一早上是否和周五早上一样精神振奋？你和同事、朋友之间相处融洽吗？他们是你一起工作、一起玩乐的伙伴吗？你对收入满意吗？你敬佩上司和理解公司的企业文化吗？你每晚是否带着满足的成就感下班回家，又同时热切地准备迎接新的一天、新的挑战、新的刺激以及各种不同的新事物？你是否对公司的产品和服务引以为豪？你觉得工作稳定、受器重又有升迁的机会吗？你个人的生活如何，圆满吗？只要你对以上任何一个问题，回答中有一个"是"字，我就要告诉你："你'可以'热爱你的工作。"（就像当年笔者对那些前来求助的朋友所做的建议一样）这是第一步。你可以把日子过得新奇而惬意，因为生活充满各种机会和选择。但是，你绝对没有时间尝试所有新鲜刺激的事。因此要满足你的愿望，我们得先从"你"开始。你一定要先了解自己的特点、长处，以及有哪些事是你能轻松自如就做得利落漂亮的。但记住，你不必为了做到这一点再回到学校去，或者在生活上做剧烈的变动，如辞职。符合内心需求的工作就是最合适的工作。需求是一种力量、一种渴望、一种热情。

你可能自觉地或不自觉地意识到它的存在。每个人的生命都有这么一个中心轨迹，循着这个轨迹走你就会满足。需求会随着年龄的增长而改变，年轻时，追求的可能是光荣、显耀的日子，独立，或者在一个彼此毫无芥蒂、能够集思广益的团队里工作。然而，目前的工作不能提供这些条件，你只好在周末和朋友尽情玩乐纵酒以弥补心灵的空虚。可是往往无效，到了周一，你就会像个泄了气的皮球。我们虽然与西点军校不同，但我们始终要有敢担负任何重任的决心和勇气。尤其是在年轻时求知和塑造自己的时期，自己要学会给自己加码，始终以行动为见证，而不是编织一些花言巧语为自己开脱。我们无需任何借口，哪里有困难，哪里有需要，我们就应当义无反顾。

出现问题不是积极、主动地加以解决，而是千方百计地寻找借口，致使工作无绩效，业务荒废。借口变成了一面挡箭牌，事情一旦办砸了，就能找出一些冠冕堂皇的借口，以换得他人的理解和原谅。找到借口的好处是能把自己的过失掩盖掉，心理上得到暂时的平衡。但长此以往，因为有

No Excuse!

各种各样的借口可找，人就会疏于努力，不再想方设法争取成功，而把大量时间和精力放在如何寻找一个合适的借口上。

任何借口都是推卸责任。在责任和借口之间，选择责任还是选择借口，体现了一个人的生活和工作态度。消极的事物总是拖积极事物的后腿。我们把重物举起来，而地球引力却要将它往下拉。我们在工作的过程中，总是会遇到挫折，我们是知难而进还是为自己寻找逃避的借口？

有了问题，特别是难以解决的问题，可能让你懊恼万分。这时候，有一个基本原则可用，而且永远适用。这个原则非常简单，就是永远不放弃，永远不为自己找借口。

有一幅漫画：在一片水洼里，一只面目狰狞的水鸟正在吞噬一只青蛙。青蛙的头部和大半个身体都被水鸟吞进了嘴里，只剩下一双无力的乱蹬的腿，可是出人意料的是，青蛙却将前爪从水鸟的嘴里挣脱出来，猛然间死死地箍住水鸟细长的脖子……这幅漫画就是讲述这样的道理：无论什么时候，都不要放弃。

不要放弃，不要寻找任何借口为自己开脱。寻找解决问题的办法，是最有效的工作原则。你我都曾经一再看到这类不幸的事实：很多有目标、有理想的人，他们工作，他们奋斗，他们用心去想、去做……但是由于过程太过艰难，他们越来越倦怠、泄气，终于半途而废。到后来他们会发现，如果他们能再坚持久一点，如果他们能看得更远一点，他们就会终得正果。请记住：永远不要绝望；就是绝望了，也要再努力，从绝望中寻找希望。成为积极或消极的人在于你自己的抉择。没有人与生俱来就会表现出好的态度或不好的态度，是你自己决定要以何种态度看待环境和人生。

即使面临各种困境，你仍然可以选择用积极的态度去面对眼前的挫折。

保持一颗积极的、绝不轻易放弃的心，尽量发掘你周遭人或事物最好的一面，从中寻求正面的看法，让自己能有向前走的力量。即使终究还是失败了，也能汲取教训，把这次的失败视为朝向目标前进的踏脚石，而不要让借口成为你成功路上的绊脚石。

当你为自己寻找借口的时候，你也许会愿意听听这个故事：

时间是在一个漆黑、凉爽的夜晚，地点是在墨西哥城。坦桑尼亚的奥运会马拉松选手艾克瓦里吃力地跑进了奥运会体育场，他是最后一名抵达终点

No Excuse !

的选手。

这场比赛的优胜者早就领了奖杯，庆祝胜利的典礼也早就已经结束，因此艾克瓦里一个人孤零零地抵达体育场时，整个体育场几乎已经空无一人。艾克瓦里的双腿沾满血污，绑着绷带，他努力地绕完体育场一圈，跑到了终点。在体育场的一个角落，享誉国际的纪录片制作人格林斯潘远远看着这一切。接着，在好奇心的驱使下，格林斯潘走了过去，问艾克瓦里，为什么要这么吃力地跑至终点。

这名来自坦桑尼亚的年轻人轻声地回答说："我的国家从两万多千米之外送我来这里，不是叫我在这场比赛中起跑的，而是派我来完成这场比赛的。"

没有任何借口，没有任何抱怨，职责就是他一切行动的准则。

"没有任何借口"看似冷漠，缺乏人情味，但它却可以激发一个人最大的潜能。无论你是谁，在人生中，无需任何借口，失败了也罢，做错了也罢，再妙的借口对于事情本身也没有丝毫的用处。许多人生中的失败，就是因为那些一直麻醉着我们的借口。

找借口，不如说"我不知道"

*

任何借口都是不负责任的，它会给对方和自己带来莫大的伤害。真诚地对待自己和他人是明智和理智的行为。有些时候，为了寻找借口绞尽脑汁，不如对自己或他人说"我不知道"。

*

很多用人单位都曾有过这样的疑惑：不知道那些喜欢寻找借口的人是从哪里养成这种习惯的，这些借口又能给他们带来什么样的好处呢？或许是他们认为这样说会给他们的心里带来些许安慰，或许出于一种自我保护的本能，但不管怎样，有一点肯定是很清楚的，任何借口都是不负责任

No Excuse !

的，它会给对方和自己带来莫大的伤害。如果是为了敷衍别人、为自己开脱的话，那寻找借口更是不诚实的行为。

真诚地对待自己和他人是明智和理智的行为，有些时候，为了寻找借口绞尽脑汁，不如对自己或他人说"我不知道"。

这是诚实的表现，也是对自己和他人负责任的表现。这在某些方面恰恰是自信的表现。一个人在失去了自信的时候，容易为自己找到很多借口，这其实是一种逃避行为。

麦肯锡咨询顾问埃森·拉塞尔的一次经历很能说明问题。他说：

有一天早晨，我们的客户——一家名列《财富》500强的制造业公司召开了一个重要的项目推介会。我们的项目主管约翰和整个团队把说明情况的各个不同的部分都过了一遍。我把自己的这一部分已经过完了，前一天晚上我一直干到凌晨4点才把它整理完，当时我是筋疲力尽。当讨论转向另一个部分时（这一部分与我无关，而且我对这一部分也知之甚少），我的脑子开始抛锚了，一个劲儿地想睡觉。我可以听见团队的其他人在讨论不同的观点，但话从我的头脑里滑了过去，就像水从小孩的手指间流过去了一样。

突然，约翰问了我一句："那么，埃森，你对苏茜的观点怎么看？"我一下就惊醒了。一时的惊吓和害怕妨碍了我集中精力回忆刚才所讨论的内容。多年在常春藤名校和商学院练就的反应让我回过神来，我提出了几个一般性的看法。当然，我所说的也许只能算是马后炮。

如果我告诉约翰"我没有什么把握——以前我没有看过这方面的问题"，我可能会好一点，甚至我这样说也行："对不起，我刚才思想抛锚了。"我想他会理解的，他以前一定有过同样的经历，就像在麦肯锡工作的其他人一样。相反，我却想蒙混过去，结果便是自己信口开河了。

几个星期之后，项目结束了，团队最后一次聚会。我们去了一家快餐店，吃了很多东西，喝了不少啤酒。接下来项目主管开始给团队的每一位成员分发带有开玩笑或具有幽默性质的礼物。至于我的礼物，他递给我的是一个桌上摆的小画框，上面整整齐齐地印着麦肯锡的至理名言："只管说'我不知道'。"

这是一条明智之极的建议，至今这个画框还摆在我的书桌上。

No Excuse !

自信的人从来不为自己找借口，任何借口都表现为懦弱的一面。在西点军校，每名学员一入校就接受了类似的训练。一名在日后取得了杰出成就的西点军校学员说，在后来的职业生涯中，每当面对那些企图以借口为自己开脱的员工时，他总是对他们说："与其找借口，不如说'我不知道'。"

不要让借口成为习惯

*

借口是一种不好的习惯，一旦养成了找借口的习惯，你的工作就会拖沓、没有效率。抛弃找借口的习惯，你就不会为工作中出现的问题而沮丧，甚至你可以在工作中学会大量的解决问题的技巧，这样借口就会离你越来越远，而成功离你越来越近。

*

人的习惯是在不知不觉中养成的，是某种行为、思想、态度在脑海深处逐步成型的一个漫长的过程。因其形成不易，所以一旦某种习惯形成了，就具有很强的惯性，很难根除。它总是在潜意识里告诉你，这个事这样做，那个事那样做。在习惯的作用下，哪怕是做出了不好的事，你也会觉得是理所当然的。特别是在面对突发事件时，习惯的惯性作用就表现得更为明显。

比如说寻找借口。如果在工作中以某种借口为自己的过错和应负的责任开脱，第一次可能你会沉浸在借口为自己带来的暂时的舒适和安全之中而不自知。但是，这种借口所带来的"好处"会让你第二次、第三次为自己去寻找借口，因为在你的思想里，你已经接受了这种寻找借口的行为。不幸的是，你很可能就会形成一种寻找借口的习惯。这是一种十分可怕的消极的心理习惯，它会让你的工作变得拖沓而没有效率，会让你变得消极而最终一事无成。

人的一生中会形成很多种习惯，有的是好的，有的是不好的。良好的

No Excuse！

习惯对一个人影响重大，而不好的习惯所带来的负面作用会更大。下面的五种习惯，是作为一名合格的管理者必备的习惯，它甚至是每一名员工应该具有的习惯。这些习惯并不复杂，但功效却非常显著。如果你是一名管理者，或者你希望将来成为管理者，就应该从现在做起，努力培养这些习惯。

(1)**延长工作时间**。许多人对这项习惯不屑一顾，认为只要自己在上班时间提高效率，没有必要再加班加点。实际上，延长工作时间的习惯对管理者的确非常重要。

作为一名管理者，你不仅要将本职的事务性工作处理得井井有条，还要应付其他突发事件，思考部门及公司的管理及发展规划等。有大量的事情不是在上班时间出现，也不是在上班时间可以解决的。这需要你根据公司的需要随时为公司工作。

上述种种情况，都需要你延长工作时间。根据不同的事情，超额工作的方式也有不同。如为了完成一个计划，可以在公司加班；为了理清管理思路，可以在周末看书和思考；为了获取信息，可以在业余时间与朋友们联络。总之，你所做的这一切，可以使你在公司更加称职。

(2)**始终表现出你对公司及产品的兴趣和热情**。你应该利用每一次机会，表现你对公司及其产品的兴趣和热情，不论是在工作时间，还是在下班后；不论是对公司员工，还是对客户及朋友。

当你向别人传播你对公司的兴趣和热情时，别人也会从你身上体会到你的自信及对公司的信心。没有人喜欢与悲观厌世的人打交道，同样，公司也不愿让对公司的发展悲观失望或无动于衷的人担任重要工作。

(3)**自愿承担艰巨的任务**。公司的每个部门和每个岗位都有自己的职责，但总有一些突发事件无法明确地划分到哪个部门或个人，而这些事情往往还都是比较紧急或重要的。如果你是一名合格的管理者，就应该从维护公司利益的角度出发，去积极处理这些事情。

如果这是一项艰巨的任务，你就更应该主动去承担。不论事情成败与否，这种迎难而上的精神也会让大家对你产生认同。另外，承担艰巨的任务是锻炼自己能力的难得的机会，长此以往，你的能力和经验会迅速提升。在完成这些艰巨任务的过程中，你有时会感到很痛苦，但痛苦却会让你变得更成熟。

No Excuse !

(4) 在工作时间避免闲谈。可能你的工作效率很高,也可能你现在工作很累,需要放松,但你一定要注意,不要在工作时间做与工作无关的事情。这些事情中最常见的就是闲谈。

在公司,并不是每个人都很清楚你当前的工作任务和工作效率,所以闲谈只能让人感觉你很懒散或很不重视工作。另外,闲谈也会影响他人的工作,引起别人的反感。

你也不要做其他与工作无关的事情,如听音乐、看报纸等。如果你没有事做,可以看看本专业的相关书籍,查找一下最新专业资料等。

(5) 积极建言献策。养成了良好的习惯,你就不会再为工作中出现的问题而沮丧,甚至可以在工作中学会大量的解决问题的技巧,这样借口就会离你越来越远,而成功也就会离你越来越近。千万不要让寻找借口成为你的习惯,就从现在开始,在工作中,在生活中,杜绝任何一次寻找借口的行为吧!

执行,不找任何借口

*

没有任何借口是执行力的表现,无论做什么事情,都要记住自己的责任,无论在什么样的工作岗位,都要对自己的工作负责。工作就是不找任何借口地去执行。

*

一支部队、一个团队,或者是一名战士或员工,要完成上级交付的任务就必须具有强有力的执行力。接受了任务就意味着做出了承诺,而完成不了自己的承诺是不应该找任何借口的。可以说,没有任何借口是执行力的表现,这是一种很重要的思想,体现了一个人对自己的职责和使命的态度。思想影响态度,态度影响行动,一名不找任何借口的员工,肯定是一名执行力很强的员工。可以说,工作就是不找任何借口地去执行。

如果不把西点军校仅仅看作是一所陆军学校的话,我们很快就会发

No Excuse!

现,西点军校的很多训练方法和思想应用于企业特别有效。比如在西点军校,军官向学员下达指令时,学员必须重复一遍军官的指令,然后军官问道:"有什么问题吗?"学员通常的回答只能是:"没有,长官。"学员的回答就是做出承诺,就是接受了军官赋予的责任和使命。就连站军姿、行军礼等千篇一律的训练,都无一不是在培养学员的意志力、责任心和自制力。在这样的训练中,西点军校的文化慢慢渗透到了每一名学员的思想深处。它无时无刻不在激励着你,让你总是具有饱满的热情和旺盛的斗志。

喜欢足球的朋友都知道,德国国家足球队向来以作风顽强著称,因而在世界赛场上成绩斐然。德国足球成功的因素有很多,但有一点我却特别看重,那就是德国队队员在贯彻教练的意图、完成自己位置所担负的任务方面执行得非常得力,即使在比分落后或全队困难时也一如既往,没有任何借口。你可以说他们死板、机械,也可以说他们没有创造力,不懂足球艺术。但成绩说明一切,至少在这一点上,作为足球运动员,他们是优秀的,因为他们身上流淌着执行力文化的特质。无论是足球队还是企业,一个团队、一名队员或员工,如果没有完美的执行力,就算有再多的创造力也可能没有什么好的成绩。

笔者不是足球爱好者,而是铁杆的橄榄球迷。锋士·隆巴第,美国橄榄球运动史上一位伟大的橄榄球队教练,笔者崇拜他已经很久了。在锋士·隆巴第的带领下,美国绿湾橄榄球队成了美国橄榄球史上最令人惊异的球队,创造出了令人难以置信的成绩。看看锋士·隆巴第的言论,能从另一个方面让我们对执行力有更深刻的理解。

锋士·隆巴第告诉他的队员:"我只要求一件事,就是胜利。如果不把目标定在非胜不可,那比赛就没有意义了。不管是打球、工作、思想,一切的一切,都应该'非胜不可'。"

"你要跟我工作,"他坚定地说,"你只可以想三件事:你自己、你的家庭和球队,按照这个先后次序。"

"比赛就是不顾一切。你要不顾一切拼命地向前冲。你不必理会任何事、任何人,接近得分线的时候,你更要不顾一切。没有东西可以阻挡你,就是战车或一堵墙,或者是对方有11个人,都不能阻挡你,你要冲过得分线!"

正是有了这种坚强的意志和顽强的信心,绿湾橄榄球队的队员们拥有

No Excuse !

了完美的执行力。在比赛中，他们的脑海里除了胜利还是胜利。对他们而言，胜利就是目标，为了目标，他们奋勇向前，锲而不舍，没有抱怨，没有畏惧，没有退缩，不找任何借口。他们是所有雇员的榜样。

巴顿将军在他的战争回忆录《我所知道的战争》中曾写到这样一个细节：

我要提拔人时常把所有的候选人排到一起，给他们提一个我想要他们解决的问题。我说："伙计们，我要在仓库后面挖一条战壕，8英尺长，3英尺宽，6英寸深。"我就告诉他们那么多。我有一个有窗户或有大节孔的仓库。候选人正在检查工具时，我走进仓库，通过窗户或节孔观察他们。我看到伙计们把锹和镐都放到仓库后面的地上。他们休息几分钟后开始议论我为什么要他们挖这么浅的战壕。他们有的说6英寸深还不够当火炮掩体。其他人争论说，这样的战壕太热或太冷。如果伙计们是军官，他们会抱怨他们不该干挖战壕这么普通的体力劳动。最后，有个伙计对别人下命令："让我们把战壕挖好后离开这里吧。那个老畜生想用战壕干什么都没关系。"

最后，巴顿写道："那个伙计得到了提拔。我必须挑选不找任何借口完成任务的人。"

无论什么工作，都需要这种不找任何借口去执行的人。对我们而言，无论做什么事情，都要记住自己的责任，无论在什么样的工作岗位上，都要对自己的工作负责。不要用任何借口来为自己开脱或搪塞，完美的执行是不需要任何借口的。

No Excuse！第二章 服从，行动的第一步

> **No Excuse !**

视服从为美德

*

　　服从，在西点人的观念中是一种美德。每一名员工都必须服从上司的安排，就如同每一名军人都必须服从上级的指挥一样。服从是行动的第一步。一个团队，如果下属不能无条件地服从上司的命令，那么在达成共同目标时，则可能产生障碍；反之，则能发挥出超强的执行能力，使团队胜人一筹。

*

　　"所有学员请注意：5分钟内集合，进行午间操练。请在野战夹克里面套上作战服。"现在是上午11点55分，天气寒冷。在哈得孙河的一个河湾的上空，北风呼啸。北风穿过西点平原，冲击着美国陆军军官学校六层楼高的花岗石堡垒。

　　"离午间操练的集合时间还有4分钟。"营房里的新生站立着，严阵以待，计算着离规定的餐前集合还有几分钟。在营房的过道，每隔50英尺就有一座钟，看时间很方便。

　　学员们迅速拥向营房之间铺着柏油的大操场。一年四季，他们每天都要至少两次集合操练。"站好队！"一声令下，一群松散的人顿时排成整齐的队形——每个方阵是一个排，四个排组成一个连，四个连编成一个营，而两个营编为一个团。"立正！"所有人立即目视前方。

　　这就是西点军校的列队。列队是西点军校的必修课，可以称之为点名的简单操练：从排长开始一级级向上汇报到队学员的数目。当然，列队的意义远不止于此。学员们以此种方式聚在这里，200年来天天如此。更重要的是，列队暗示了服从是第一位的：这里，个人要服从整体，服从部队。

　　服从，在西点人的观念中是一种美德。在西点军校，即使是立场最自由的旁观者，都相信一个观念，那就是"不管叫你做什么都照做不误"，这样的观念就是服从的观念。西点人认为，军人职业必须以服从为第一要

No Excuse !

义，学不会服从，不养成服从观念，就不能在军队中立足。1945年6月30日，在准备装入"201档案"的巴顿将军工作能力报告时，布雷德利将军给巴顿写了一个不同寻常而又合情合理的评语："他总是乐于并且全力支持上级的计划，而不管他自己对这些计划的看法如何。"

西点人认为，服从是自制的一种形式。西点军校要求每一名学员都去深刻体验身为一个伟大机构的一分子——即使是很小的一分子，具有什么样的意义。

西点军校的每一分子，对于个人的权威止于何处，团体的权威又始于何处，都会有清楚的认识。对西点人来讲，对当权者的服从是百分之百正确。因为他们认为，西点军校所造就的人才是从事战争的人，这种人要执行作战命令，要带领士兵向设有坚固防御之敌进攻，没有服从就不会有胜利。

威廉·拉尼德对此做了非常生动的描述："上司的命令，好似大炮发射出的炮弹，在命令面前你无理可言，必须绝对服从。"一位西点军校的上校讲得更为精彩："我们不过是枪里的一颗子弹，枪就是美国整个社会，枪的扳机由总统和国会来扣动，是他们发射我们。"曾有人说，黑格将军之所以被尼克松看中，就是因为他的服从精神和严守纪律的品格。需要他发表意见的时候，坦而言之，尽其所能；对上司已做了决定的事情，就要坚决服从，努力执行，决不表现自己的小聪明。

这就是西点军校对学员的训诫和要求。西点军校为什么要这样做呢？请看一看一位毕业于西点军校的将军给一位西点军校学员的父亲的信：

"为什么我们让这些孩子经受四年斯巴达式的教育？他们住在冷冰冰的兵营，上午9点30分之前不能往垃圾桶里倒垃圾，水池必须始终干净，不堵塞。如此多的规定和规则，为什么？"

"因为一旦毕业，他们将被要求全无私心。在军队的这么长时间里，他们将要吃苦，将在圣诞节远离家庭，将在泥地上睡觉。这份工作有许许多多的东西让他们把自我利益放在次要地位——因此，必须习惯这样。"

背上有痒不能抓，这能够有什么好处呢？西点军校的学员知道，军人就是要连背痒都能忍得住。

如果一支部队里士兵都在左摇右晃拼命抓痒，还能称得上是训练有素的部队吗？

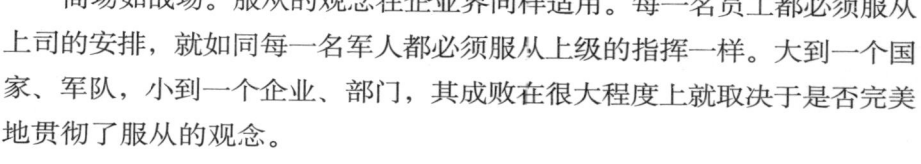

商场如战场。服从的观念在企业界同样适用。每一名员工都必须服从上司的安排，就如同每一名军人都必须服从上级的指挥一样。大到一个国家、军队，小到一个企业、部门，其成败在很大程度上就取决于是否完美地贯彻了服从的观念。

服从是行动的第一步，处在服从者的位置上，就要遵照指示做事。服从的人必须暂时放弃个人的独立自主，全心全意去遵循所属机构的价值观念。一个人在学习服从的过程中，对其机构的价值观念、运作方式，才会有更透彻的了解。

当然，西点军校的训诫和要求是从军事指挥的角度来制定的，在企业中不能机械地照搬。而且，并不是所有上司的指令都正确，上司也会犯错误。但是，一个高效的企业必须有良好的服从观念，一名优秀的员工也必须有服从意识。因为上司的地位、责任使他有权发号施令；同时上司的权威、整体的利益，不允许下属抗令而行。一个团队，如果下属不能无条件地服从上司的命令，那么在达成共同目标时，则可能产生障碍；反之，则能发挥出超强的执行能力，使团队胜人一筹。

说谎是最大的罪恶

*

说谎话的人是不诚实的人，不诚实的人是很危险的。因为不诚实，所以不能够与人相处长久，不具有合作与团队精神，更不能实现自己幸福和成功的愿望。"不找任何借口"就是对说谎和欺骗的否定和排斥。因为"不找任何借口"，便不会为了编织借口而说谎和欺骗；而不说谎和诚实会让人变得强大而高贵。

*

西点军校对诚实十分重视，西点军校认为说谎是最大的罪恶。新学员一入学，就要接受长达16个小时的《荣誉准则》教育。西点军校的《荣誉准则》非常简短、直接和肯定，第一点就是不许说谎："西点军校学员绝不说

No Excuse !

谎、欺骗或偷窃，也不容许他人有如此行为。"除此之外，西点军校对说谎问题还有如下一些规定：

学员的每句话都必须是确切无疑的。他们的口头或书面陈述必须保持真实性。故意欺骗或哄骗的口头或书面陈述都是违背《荣誉准则》的。

西点军校认为，个人签名或姓名的首字母肯定了一种书面信息。学员在文件上签名就正式表明：就他所知，文件是真实的、准确的，否则就不会签上高贵的名字。

西点军校还认为，一个人不单单在军队中应该诚实可靠，在任何其他环境中也应该保持这种品格。

同时，西点军校还要求学员不但不能对别人说谎，也不能对自己说谎。只有这样，才是一个真正不说谎的人。

可以说，西点军校关于诚实和不许说谎的标准比美国国家标准还要高一层。举例来说，一名学员走在走廊上，突然碰到军官问他："你早上刮胡子了吗？"问题提得太过突然，但是他必须立刻回答，一刹那，他脑海中浮现出自己一脸泡沫的样子，于是回答说："报告长官，是。"实际上，他想起来的情景是前一天刮胡子的情景。这是无心之错，不能叫说谎。但军官还是希望他能承认错误。因为西点军校认为，如果一个人无须面对自己的错误，无须为自己的错误负责，将来就更有可能故意说错，这就是说谎了。而且会自圆其说，并认为这样做理所当然。

正是这样的严格要求和训练让西点军校的学员受益匪浅，他们在许多领域，尤其是在商界，取得了令人瞩目的成就。西点军校让学员们明白，只有诚实，才能长久。不为利动，没有私心，在任何情形下都言行一致的美誉，其价值比从欺骗中得来的利益大过千倍。西点军校关于诚实和不说谎的理论同样适用于商界，适用于企业，适用于每一名员工。

但是，在现实生活中，许多人都认为欺骗、说谎话是一种有利可图的勾当。他们以为欺骗的手段是很值得使用的，他们也许并不正面说谎、欺骗，但他们往往会留有一些应该说，特别是作为一个诚实的人所必须说的话不说。他们平常也许愿意站在正直的一方，但是一旦关系到自己的利益时，他们就会离开正直，就会不说正直话，不做正直事了。

"不找任何借口"就是对说谎和欺骗的否定和排斥。因为"不找任何借口"，便不会为了编织借口而说谎和欺骗；而不说谎和诚实会让人变得强

No Excuse !

大而高贵。天下没有一种广告能比诚实不欺、言行可靠的美誉更能取得他人的信任。一个言行诚实的人，因为有正义公理作为后盾，所以能够毫不畏缩地面对世界。

说谎话的人是不诚实的人，不诚实的人是很危险的。因为不诚实，所以不能够与人相处长久，不具有合作与团队精神，更不能实现幸福和成功的愿望。一个经常说谎、不诚实的人会受到良心的谴责，他没有力量可以压制住这种谴责。

纪律——敬业的基础

*

当你的企业和员工都具有强烈的纪律意识，在不允许妥协的地方绝不妥协，在不需要借口时绝不找任何借口——比如质量问题，比如对工作的态度等，你会猛然发现，工作因此会有一个崭新的局面。

*

一个团结协作、富有战斗力和进取心的团队，必定是一个有纪律的团队。同样，一名积极主动、忠诚敬业的员工，也必定是一名具有强烈纪律观念的员工。可以说，纪律，永远是忠诚、敬业、创造力和团队精神的基础。对企业而言，没有纪律，便没有了一切。

西点军校非常注重对学员进行纪律训练。为保障纪律锻炼的实施，西点军校有一整套详细的规章制度和惩罚措施。比如，如果学员违反军纪军容，校方通常惩罚他们身着军装，肩扛步枪，在校园内的一个院子内正步绕圈走，少则几个小时，多则几十个小时。关于这方面的逸事，在西点军校学员里随处可见。

据说，艾森豪威尔到西点军校不久，就因为他的自由散漫而得到了"操场上的小鸡"的头衔。原因是艾森豪威尔经常不得不接受惩罚，像小鸡在田间来回走动一样在操场上来回走步，只是不如小鸡那样自由罢了。

纪律锻炼主要是在新生入学后的第一年完成。西点军校认为，通过纪

No Excuse！

律锻炼，可以迫使一个人学会在艰苦条件下怎样工作与生活。比如日常的着装训练。一会儿下令集合站队，一会儿又指令学员返回宿舍换穿白灰组合制服（即白衬衣加上灰裤子），限定在5分钟内返回原地并报告："做好检查准备。"接着班长又一次下命令，换上学员灰制服。在整个过程中，必须无条件地完成指令，不得有任何借口。

这样的训练整整持续一年，纪律观念由此深深地根植于每个人的大脑中。同时，随之而来的，却是每个人强烈的自尊心、自信心和责任感，这是一些让人终身受益的精神和品质。

著名经理人森格罗回忆道："在西点军校，我接受了关于纪律的严格训练，它帮助我成为了一名合格的陆军指挥官。在后来在为企业服务的职业生涯中，我成功地把这种纪律观念灌输给我的每一个下属，它又帮助我获得了极大的成功。我发现，纪律的作用和重要性，比人们通常所想象的还要大。"

当你的企业和员工都具有强烈的纪律意识，在不允许妥协的地方绝不妥协，在不需要借口时绝不找任何借口时，比如质量问题，比如对工作的态度等，你会猛然发现，工作因此会有一个崭新的局面。正如伟大的巴顿将军所说：

我们不可能等到2018年再开始训练纪律性，因为德国人早就这样做了。你必须做个聪明人：动作迅速、精神高涨、自觉遵守纪律，这样才不至于在战争到来的前几天为生死而忧心忡忡。你不该在思虑后去行动，而是应该尽可能地先行动，再思考——在战争后思考。只有纪律才能使你所有的努力、所有的爱国之心不致白费。没有纪律就没有英雄，你会毫无意义地死去。有了纪律，你们才真正的不可阻挡。

对企业和员工而言，敬业、服从、协作等精神永远都比任何东西重要。但我们相信，这些品质不是员工与生俱来的，不会有谁是天生不找任何借口的好员工。所以，对他们进行培训显得尤为重要，就像西点军校不断要求学员的着装和仪表一样，最后是要让所有的人都明白，"纪律只有一种，这就是完善的纪律"。

还是来看看伟大的巴顿将军的例子吧。乔治·福蒂在《乔治·巴顿的集团军》中写道：

No Excuse!

1943年3月6日,巴顿临危受命为第二军军长。他带着严格的铁的纪律驱赶第二军就像"摩西从阿拉特山上下来"一样。他开着汽车转到各个部队,深入营区。每到一个部队都要训话,诸如领带、护腿、钢盔和随身武器及每天刮胡须之类的细则都要严格执行。巴顿由此可能成为美国历史上最不受欢迎的指挥官。但是第二军发生了变化,它不由自主地变成了一支顽强、具有荣誉感和战斗力的部队……

巴顿可以说是美国历史上个性最强的四星上将,但他在纪律问题上,对上司的服从上,态度毫不含糊。他深知,军队的纪律比什么都重要,军人的服从是职业的客观要求。他认为:"纪律是保持部队战斗力的重要因素,也是士兵们发挥最大潜力的基本保障。所以,纪律应该是根深蒂固的,它甚至比战斗的激烈程度和死亡的可怕性质还要强烈。""纪律只有一种,这就是完善的纪律。假如你不执行和维护纪律,你就是潜在的杀人犯。"巴顿如此认识纪律,如此执行纪律,并要求下属也必须如此,这是他成就事业的重要因素之一。

被人认为有些粗鲁的巴顿并不是强硬的命令者。他从不满足于运筹帷幄和发号施令,他经常深入基层和前线考察,听取下属意见,而且身先士卒,让士兵感受到统帅就在他们中间,从而愿意听从他的命令,愿意服从他的指挥。

对立情绪要不得

*

只要你还是某一机构中的一员,就应当抛开任何借口,投入自己的忠诚和责任心。一荣俱荣,一损俱损!将身心彻底融入公司,尽职尽责,处处为公司着想,对投资人承担风险的勇气报以钦佩,理解管理者的压力,那么任何一个老板都会视你为公司的栋梁。

*

No Excuse !

在这样一个竞争的时代，谋求个人利益、自我实现是天经地义的。但是，遗憾的是很多人没有意识到个性解放、自我实现与忠诚和敬业并不是对立的，而是相辅相成、缺一不可的。许多年轻人以玩世不恭的姿态对待工作，他们频繁跳槽，觉得自己工作是在出卖劳动力；他们蔑视敬业精神，嘲讽忠诚，将其视为老板盘剥、愚弄下属的手段。他们认为自己之所以工作，不过是迫于生计的需要。

笔者曾为了三餐而替人工作，也曾当过老板，笔者知道这两方面的种种甘苦。贫穷是不好的，贫苦是不值得推介的，但并非所有的老板都是贪婪者、专横者，就像并非所有的人都是善良者一样。

对于老板而言，公司的生存和发展需要职员的敬业和服从；对于员工来说，需要的是丰厚的物质报酬和精神上的成就感。从表面上看，彼此之间存在着对立性，但是，在更高的层面，两者又是和谐统一的。公司需要忠诚和有能力的员工；员工必须依赖公司的业务平台才能发挥自己的聪明才智。

为了自己的利益，每个老板只会保留那些最佳的职员，即那些能够把"信"带给加西亚的人，那些能够忠实地完成上司交付的任务而没有任何借口和抱怨的人。同样，也是为了自己的利益，每名员工都应该意识到自己与公司的利益是一致的，并且全力以赴努力去工作。只有这样，才能获得老板的信任，并最终获得自己的利益。

许多公司在招聘员工时，除了能力以外，个人品行是最重要的评估标准。没有品行的人不能用，也不值得培养，因为他们根本无法将"信"带给加西亚。因此，如果你为一个人工作，如果他付给你薪水，那么你就应该真诚地、负责地为他干，称赞他、感激他，支持他的立场，和他所代表的机构站在一起。

也许你的上司是一个心胸狭隘的人，不能理解你的真诚，不珍惜你的忠心，那么也不要因此而产生抵触情绪，将自己与公司和老板对立起来。不要太在意老板对你的评价，他们也是有缺陷的普通人，也可能因为太主观而无法对你做出客观的判断，这个时候你应该学会自我肯定。只要你竭尽所能，做到问心无愧，你的能力一定会得到提高，你的经验一定会丰富起来，你的心胸就会变得更加开阔。

No Excuse !

"老板是靠不住的！"这种说法也许并非没有道理，但是，这并不意味着老板和员工从本质上就是对立的。情感需要依靠理智才能保持稳定。老板和员工的关系也只有建立在一种制度上才能和谐统一。在一个管理制度健全的企业中，所有升迁都是凭借个人努力得来的。想摧毁一个组织的士气，最好的方式就是制造"只有玩手段才能获得晋升"的工作气氛。管理完善的公司升迁渠道通畅，有实力的人都有公平竞争的机会，只有这样，员工才会觉得自己是公司的主人，才会觉得自己与公司完全是一体的。

因此，员工和老板是否对立，既取决于员工的心态，也取决于老板的做法。聪明的老板会给员工公平的待遇，而员工也会以自己的忠诚予以回报。如果你是老板，一定会希望员工能和自己一样，将公司当成自己的事业，更加努力，更加勤奋，更加积极主动。因此，当你的老板向你提出这样的要求时，请不要拒绝他。

绝大多数人都必须在一个社会机构中开始自己的事业生涯。只要你还是某一机构中的一员，就应当抛开任何借口，投入自己的忠诚和责任心。一荣俱荣，一损俱损！将身心彻底融入公司，尽职尽责，处处为公司着想，对投资人承担风险的勇气报以钦佩，理解管理者的压力，那么任何一个老板都会视你为公司的栋梁。

有人曾说过，一个人应该永远同时从事两个工作：一个是目前所从事的工作；另一个则是真正想做的工作。如果你能将该做的工作做得和想做的工作一样认真，那么你一定会成功，因为你在为未来做准备，你正在学习一些足以超越目前职位，甚至成为老板或老板的老板的技巧。当时机成熟时，你已准备就绪了。

当你精熟了某一项工作，别陶醉于一时的成就，赶快想一想未来，想一想现在所做的事有没有改进的余地，这些都能使你在未来取得更长足的进步。尽管有些问题属于老板考虑的范畴，但是如果你考虑了，说明你正朝老板的位置迈进。

如果你是老板，你对自己今天所做的工作完全满意吗？别人对你的看法也许并不重要，真正重要的是你对自己的看法。

回顾一天的工作，扪心自问："我是否付出了全部精力和智慧？"

以老板的心态对待公司，你就会成为一个值得信赖的人，一个老板乐于雇用的人，一个可能成为老板得力助手的人。

No Excuse !

更重要的是,你能心安理得地入眠,因为你清楚自己已全力以赴,已完成了自己所设定的目标。

一个将企业视为己有并尽职尽责完成工作的人,他会得到工作给他的最高奖赏。这样的奖赏可能不是今天、下星期甚至明年就会兑现,但他一定会得到奖赏,只不过表现的方式不同而已。当你养成习惯,将公司的资产视为自己的资产一样,你的老板和同事都会看在眼里。我相信,这样的员工在任何一家公司都是受欢迎的。

不要感慨自己的付出与受到的肯定和获得的报酬不成比例,不要老是觉得自己得不到理想的工资,不能获得上司的赏识。这样的情绪是产生借口的温床。记得提醒自己:你是在自己的公司里为自己做事,你的产品就是你自己。

对立情绪要不得,以老板的心态对待公司,这是许多大企业正在倡导的一种企业文化。试想一想,假设你是老板,你自己是那种你喜欢雇用的员工吗?

工作中无小事

*

每个人所做的工作,都是由一件件小事构成的,但不能因此而对工作中的小事敷衍应付或轻视懈怠。记住,工作中无小事。所有的成功者,他们与我们都做着同样简单的小事,唯一的区别就是,他们从不认为他们所做的事是简单的小事。

*

西点军校的教育和后来的军旅生活告诉从西点军校毕业的学员们一个非常重要的道理:战场上无小事。很多时候,一件看起来微不足道的小事,或者一个毫不起眼的变化,却能改变一场战争的胜负。战场上无小事,这就要求每一位军官和士兵始终保持高度的注意力和责任心,始终具有清醒的头脑和敏锐的判断力,能够对战场上出现的每一个变化、每一件

No Excuse !

小事迅速做出准确的反应和决断。"战场上无小事"也同样适用于企业，适用于企业的每一名员工，因为，在工作中也没有小事。

希尔顿饭店的创始人、世界旅馆业之王康·尼·希尔顿就是一个注重"小事"的人。康·尼·希尔顿要求他的员工："大家牢记，万万不可把我们心里的愁云摆在脸上！无论饭店本身遭到何困难，希尔顿服务员脸上的微笑永远是顾客的阳光。"正是这小小的永远的微笑，让希尔顿饭店的身影遍布世界各地。

其实，每个人所做的工作，都是由一件件小事构成的。士兵每天所做的工作就是队列训练、战术操练、巡逻、擦拭枪械等小事；饭店的服务员每天的工作就是对顾客微笑、回答顾客的提问、打扫房间、整理床单等小事；你每天所做的可能就是接听电话、整理报表、绘制图纸之类的小事。你是否对此感到厌倦、毫无意义而提不起精神？你是否因此而敷衍应付，心里有了懈怠？这不能成为你的借口。请记住：这就是你的工作，而工作中无小事。要想把每一件事做到完美，就必须付出你的热情和努力。

美国标准石油公司曾经有一名小职员叫阿基勃特。他在出差住旅馆的时候，总是在自己签名的下方，写上"每桶4美元的标准石油"字样，在书信及收据上也不例外，签了名，就一定写上那几个字。他因此被同事叫作"每桶4美元"，而他的真名倒没有人叫了。

公司董事长洛克菲勒知道这件事后说："竟有职员如此努力宣扬公司，我要见见他。"于是邀请阿基勃特共进晚餐。

后来，洛克菲勒卸任，阿基勃特成了第二任董事长。

在签名的时候写上"每桶4美元的标准石油"，这算不算小事？严格说来，这件小事还不在阿基勃特的工作范围之内。但阿基勃特做了，并坚持把这件小事做到了极致。那些嘲笑他的人中，肯定有不少人才华、能力在他之上，可是最后，只有他成了董事长。

还有一些人因为事小而不愿去做，或抱有一种轻视的态度。有这么一个故事，据说，在开学第一天，苏格拉底对他的学生们说："今天咱们只做一件事，每个人尽量把胳臂往前甩，然后再往后甩。"说着，他做了一遍示范。

"从今天开始，每天做300下，大家能做到吗？"学生们都笑了，这么简单的事，谁做不到？可是一年之后，当苏格拉底再问的时候，全班却只

No Excuse !

有一名学生坚持下来。这个人就是后来的大哲学家柏拉图。

"这么简单的事，谁做不到？"这正是许多人的心态。但是，请看看吧，所有的成功者，他们与我们都做着同样简单的小事，唯一的区别就是，他们从不认为他们所做的事是简单的小事。

成功不是偶然的，有些看起来很偶然的成功，实际上我们看到的只是表象。正是对一些小事情的处理方式，已经预示了成功的必然。无论是"每桶4美元的标准石油"还是"把胳臂往前甩"，都要求人们必须具备一种锲而不舍的精神，一种坚持到底的信念，一种脚踏实地的务实态度，一种自动自发的责任心。小事如此，大事亦然。

记住，这是你的工作！

*

记住，这是你的工作！既然你选择了这个职业，选择了这个岗位，就必须接受它的全部，而不是仅仅只享受它给你带来的益处和快乐。就算是屈辱和责骂，那也是这个工作的一部分。如果说一名清洁工人不能忍受垃圾的气味，他能成为一名合格的清洁工吗？

*

美国独立企业联盟主席杰克·法里斯曾讲起他少年时的一段经历。

在杰克·法里斯13岁时，他开始在他父母的加油站工作。那个加油站里有三个加油泵、两条修车地沟和一间打蜡房。杰克·法里斯想学修车，但他父亲让他在前台接待顾客。

当有汽车开进来时，杰克·法里斯必须在车子停稳前就站到司机面前，然后忙着去检查油量、蓄电池、传动带、胶皮管和水箱。杰克·法里斯注意到，如果他干得好的话，顾客大多还会再来。于是，杰克·法里斯总是多干一些，他帮助顾客擦去车身、挡风玻璃和车灯上的污渍。

有段时间，每周都有一位老太太开着她的车来清洗和打蜡。这辆车的车内地板凹陷极深，很难打扫。而且，这位老太太极难打交道，每次当杰

No Excuse !

克·法里斯给她把车准备好时,她都要再仔细检查一遍,让杰克·法里斯重新打扫,直到清除掉每一缕棉绒和灰尘她才满意。

终于,有一次,法里斯实在忍受不了了,他不愿意再侍候她了。杰克·法里斯回忆他的父亲告诫他说:"孩子,记住,这是你的工作!不管顾客说什么或做什么,你都要记住,做好你的工作,并以应有的礼貌去对待顾客。"

父亲的话让杰克·法里斯深受震动,杰克·法里斯说道:"正是在加油站的工作使我学到了严格的职业道德和应该如何对待顾客。这些东西在我以后的职业经历中起到了非常重要的作用。"

"记住,这是你的工作!"应该把这句话告诉给每一名员工。

对那些在工作中推三阻四,老是抱怨,寻找种种借口为自己开脱的人;对那些不能最大限度地满足顾客的要求,不想尽力超出客户预期提供服务的人;对那些没有激情,总是推卸责任,不知道自我批判的人;对那些不能优秀地完成上级交付的任务,不能按期完成自己的本职工作的人;对那些总是挑三拣四,对自己的公司、老板、工作这不满意那不满意的人,最好的救治良药就是,端正他的坐姿,然后面对他,大声而坚定地告诉他:记住,这是你的工作!

记住,这是你的工作!既然你选择了这个职业,选择了这个岗位,就必须接受它的全部,而不是仅仅只享受它给你带来的益处和快乐。就算是屈辱和责骂,那也是这个工作的一部分。

如果说一名清洁工人不能忍受垃圾的气味,他能成为一名合格的清洁工吗?

记住,这是你的工作!不要忘记工作赋予你的荣誉,不要忘记你的责任,不要忘记你的使命。一个轻视工作的人,他必将受到严厉的惩罚。

记住,这是你的工作!美国前教育部长威廉·贝内特曾说:"工作是需要我们用生命去做的事。"对于工作,我们又怎能懈怠、轻视、践踏呢?我们应该怀着感激和敬畏的心情,尽自己的最大努力,把工作做到完美。

除非你不想干了,或者你已垂垂老矣,否则,你没有理由不认真对待自己的工作。当我们在工作中遇到困难时,当我们试图以种种借口来为自己开脱时,让这句话来唤醒你沉睡的意识吧:记住,这是你的工作!

No Excuse！

立即行动

*

对一名勤奋的艺术家来说，若他不想让任何一个想法溜掉，那么当他产生了新的灵感时，他会立即把它记下来——即使是在深夜，他也会这样做。他的这个习惯十分自然、毫不费力。一名优秀的员工其实就是一名艺术家，他对工作的热爱，立即行动的习惯，就像艺术家记录自己的灵感一样自然。

*

寻找借口的一个直接后果就是拖延，而拖延是最具破坏性、最危险的恶习，它使你丧失了主动的进取心。可悲的是，拖延的恶习也有累积性，唯一的解决良方，很明显，正是——行动。

做事拖延的员工决不是称职的员工。如果你存心拖延逃避，你就能找出成打的借口来辩解为什么事情不可能完成或做不了，而为什么事情该做的理由却少之又少。把"事情太困难、太花时间"等借口合理化，要比相信"只要我们够努力、够聪明、衷心期盼，就能完成任何事"容易得多。我们不愿许下承诺，只想找个借口。如果你发现自己经常为了没做某些事而制造借口，或是想出千百个理由来为没能如期实现计划而辩解，那么现在正是该面对现实好好检讨的时候了，别再解释，动手去做吧！

富兰克林说："把握今日等于拥有两倍的明日。"将今天该做的事拖延到明天，而即使到了明天也无法做好的人，占了大约一半以上。应该今日事今日毕，否则可能无法做大事，也不太可能成功。所以应该经常抱着"必须把握今日去做完它，一点也不可懒惰"的想法去努力才行。歌德说："把握住现在的瞬间，从现在开始做起。只有勇敢的人身上才会赋有天才、能力和魅力。因此，只要做下去就好，在做的过程当中，你的心态就会越来越成熟。能够有开始的话，那么不久之后你的工作就可以顺利完成了。"

有些人在开始工作时会产生不高兴的情绪，如果能把不高兴的情绪压

No Excuse !

抑下来，心态就会愈来愈成熟。而当情况好转时，就会认真地去做，这时候就已经没有什么好怕的了，而工作完成的日子也就会愈来愈近。总之一句话，必须现在就马上开始去做才是最好的方法。哪怕只是一天或一个小时的时光，也不可白白浪费。这才是真正积极主动的工作态度。

有一种员工是典型的完美主义者，他们觉得没有人能做得比他们好，所以不懂得授权给别人。他们认为自己比别人都强，因此也拒绝别人的建议，不要求任何协助。他们会无限地延长工作完成的时间，因为他们需要多一点时间让它更完美，而忽视别人的需要。他们以为只要他们一直在做事，就表示还没有完成；只要还没有完成，他们就可以避免别人的批评。完美主义让他们觉得，即使他们什么事都没做，也还是比别人优越。

如果你正受到怠惰的钳制，那么不妨就从碰见的任何一件事着手。是什么事并不重要，重要的是你突破了无所事事的恶习。从另一个角度来说，如果你想规避某项杂务，那么你就应该从这项杂务着手，立即进行。否则，事情还是会不断地困扰你，使你觉得烦琐无趣而不愿意动手。

假如你应该打一个电话给客户，但由于拖延的习惯，你没有打这个电话。你的工作可能因这个电话而延误，你的公司也可能因这个电话而蒙受损失。

为了按时上班，假定你把闹钟定在早晨6点。然而，当闹钟闹响时，你睡意仍浓，于是起身关掉闹钟，又回到床上去睡。久而久之，你会养成早晨不按时起床的习惯，同时，你又会为上班迟到而寻找借口。

一名勤奋的艺术家为了不让任何一个想法溜掉，当他产生了新的灵感时，他会立即把它记下来——即使是在深夜，他也会这样做。他的这个习惯十分自然、毫不费力。一名优秀的员工其实就是一名艺术家，他对工作的热爱，立即行动的习惯，就像艺术家记录自己的灵感一样自然。

立即行动！这句话是最惊人的自动启动器。任何时刻，当你感到拖延苟且的恶习正悄悄地向你靠近，或当此恶习已迅速缠上你，使你动弹不得之际，你都需要用这句话来提醒自己。

No Excuse! 第三章 工作就意味着责任

No Excuse !

天赋责任，不容推卸

＊

第一位到西点军校访问的地方大学历史教授莫顿·杰伊·卢瓦斯曾感慨万千地说："西点人对待自己工作的那种强烈的责任感是无价之宝。"这位教授通过长时间考察发现，同西点人一起工作，使人精神振奋。正是责任，使西点人在困难时能够坚持，永不绝望，永不放弃；责任使西点人对自己的职责忘我地坚守，尽力出色地完成任务。

＊

我们生活在这个世界上，每个人都对自己和他人负有责任。责任的范围是无限的，它存在于生活的每个角落。我们无法选择富有或贫穷，无法选择幸福或不幸，但是我们可以选择在生活中履行自己的责任。以全部的代价和最大的风险来服从责任，这是文明生活达到最高层次后的人的行为。

人生的责任不可推卸，我们必须服从职责的召唤，直至生命结束。从最纯粹的意义来说，责任具有的某种强制性，使得人们在履行时永远用不着去犹豫。责任无处不在，在履行时不应去考虑是否会有任何自我牺牲。

第一位到西点军校访问的地方大学历史教授莫顿·杰伊·卢瓦斯曾感慨万千地说："西点人对待自己工作的那种强烈的责任感是无价之宝。"这位教授通过长时间考察发现，同西点人一起工作，使人精神振奋。正是责任，使西点人在困难时能够坚持，永不绝望，永不放弃；责任使西点人对自己的职责忘我地坚守，尽力出色地完成任务。

西点人都知道这样一个故事：

一个漆黑的大雪天，中士约翰正匆匆忙忙地往家赶。当他经过公园的时候，一个人拦住了他："对不起，打扰了，先生，您是位军人吗？"看起来，这个人很焦急。约翰不知道发生了什么："噢，当然，能够为您做些什么吗？"

"是这样的，刚才我经过公园的时候，听到一个孩子在哭，我问他为

No Excuse!

什么不回家,他说,他是士兵,他在站岗,没有命令他不能离开这里。谁知道和他一起玩儿的那些孩子都跑到哪里去了,大概都回家了。天这么黑,雪这么大。"这个人说,"我说,你也回家吧,他说不,他必须得到命令,站岗是他的责任。我怎么劝他回去,他也不听,只好请先生帮忙了。"

约翰的心为之一振,"好吧,我可以这么做。"他说。

约翰和这个人一起来到公园,在那个不显眼的地方,有一个小男孩在那里哭,但却一动不动的。约翰走过去,敬了一个军礼,然后说:"下士先生,我是中士约翰·格林,你为什么站在这里?"

"报告中士先生,我在站岗。"小男孩停止了哭泣,回答说。

"天这么黑,雪这么大,为什么不回家?"约翰问。

"报告中士先生,这是我的责任,我不能离开这里,因为我还没有得到命令。"小男孩回答。

"那好,我是中士,我命令你回家,立刻。"约翰的心又为之一振。

"是,中士先生。"小男孩高兴地说,然后还向约翰敬了一个不太标准的军礼,撒腿就跑了。

约翰和这个陌生人对视了很久,最后,约翰说:"他值得我们学习。"

我们这个世界需要的正是这样一种深深的责任感。我们不仅对自己负有责任,我们还对别人负有责任。天赋责任,不容推卸,正是责任把所有的人联结在一起,任何一个人对责任的懈怠都会导致恶果。

在任何企业中,每一个人都承担着一定的责任,不要以为自己只是一名普通的员工,其实你能否担当起你的责任,对整个企业而言,同样有很大的意义。

你会因为具有责任感而被雇用。你能够培养和锻炼自己的责任感。你可以锻炼自己的技能、理解力和态度,使得自己能够像一个负责任的人那样行动。

每一个老板都清楚他自己最需要什么样的员工,如果你常常趁经理不注意时偷偷地开小差,总是为不能按时完成任务寻找借口,或者将本来属于自己的工作推给其他同事,并总是认为别人比自己干得少;抑或当老板布置一项任务时,你不停地提出这项任务有多艰巨……你一定是一名极

No Excuse !

其糟糕的员工，不但老板想开除你，你自己也必然对自己丧失信心，因为放弃责任，也就放弃了一种积极向上的生活。社会学家戴维斯说："放弃了自己对社会的责任，就意味着放弃了自身在这个社会中更好地生存的机会。放弃承担责任，或者蔑视自身的责任，这就等于在可以自由通行的路上自设路障，摔跤绊倒的也只能是自己。"

其实，对责任感的推崇，绝非限于军校，富有强烈责任感的人受到全社会的尊重。马拉松比赛的设立，就是为了纪念以生命捍卫责任的希腊士兵菲迪皮茨。公元前490年，希腊和波斯在马拉松平原上展开了一次激烈的战斗，希腊士兵打败了前来侵略的波斯人。将军命令士兵菲迪皮茨要在最短的时间内将捷报送到雅典，以激励身陷困境的雅典人。菲迪皮茨接到命令后从马拉松平原不停顿地跑回雅典（全程40千米），当他跑到雅典把胜利的消息带去的时候，自己却累死了。后来，希腊人为了纪念这位英雄，1896年在希腊雅典举办的近代第一届奥林匹克运动会上，就用这个距离作为一个竞赛项目，用以纪念这位士兵，也为了激励那些勇于承担责任、坚持完成任务的人。

责任是对人生义务的勇敢担当，责任也是对生活的积极接受。天赋责任，我们必须承担。当然，肩负责任是有压力的，然而，对承担责任的回报将是自信、被尊重和有力量的感觉。当一个人能够意识到自己的责任时，他又在完善自己的路上迈出了一大步。作为一名企业员工，责任意味着做好企业赋予你的任何有意义的事情。

工作就意味着责任

*

　　没有责任感的军官不是合格的军官，没有责任感的员工不是优秀的员工。责任感是简单而无价的。工作就意味着责任，责任意识会让我们表现得更加卓越。

*

No Excuse !

西点军校认为，没有责任感的军官不是合格的军官。同样，对一个企业来说没有责任感的员工不是优秀的员工，对一个国家来说没有责任感的公民不是好公民。在任何时候，责任感对自己、对国家、对社会都不可或缺。正是这样严格的要求，让每一名从西点军校毕业的学员获益匪浅。

西点军校认为，一个人要成为一名好军人，就必须遵守纪律，有自尊心，对于他的部队和国家感到自豪，对于他的同志和上级有高度的责任感，对于自己表现出的能力有自信。我认为，这样的要求，对每一名企业的员工同样适用。

要将责任根植于内心，让它成为我们脑海中一种强烈的意识，在日常行为和工作中，这种责任意识会让我们表现得更加卓越。我们经常可以见到这样的员工，他们在谈到自己的公司时，使用的代名词通常都是"他们"而不是"我们"，"他们业务部怎么怎么样"，"他们财务部怎么怎么样"，这是一种缺乏责任感的典型表现，这样的员工至少没有一种"我们就是整个机构"的认同感。

责任感是不容易获得的，原因就在于它是由许多小事构成的。但是最基本的是认真做好每一件事，无论多小的事，都能够比以往任何人做得都好。比如说，该到上班时间了，可外面阴冷地下着雨，而被窝里又那么舒服，你还未清醒的责任感让你在床上多躺了两分钟，你一定会问自己：你尽到职责了吗？还没有……除非你的责任感真的没有发芽，你才会欺骗自己。对自己的慈悲就是对责任的侵害，必须去战胜它。

责任感是简单而无价的。据说美国前总统杜鲁门的桌子上摆着一个牌子，上面写着：Book of stop here（问题到此为止）。他桌子上是否有这样一个牌子，笔者不能去求证，但笔者想告诉大家的是，这就是责任。如果在工作中，对待每一件事都是"Book of stop here"，那么，这样的公司将让所有人为之震惊，这样的员工将赢得足够的尊敬和荣誉。

有一个替人割草打工的男孩打电话给布朗太太说："您需不需要割草？"布朗太太回答说："不需要了，我已有了割草工。"男孩又说："我会帮您拔掉草丛中的杂草。"布朗太太回答："我的割草工已做了。"男孩又说："我会帮您把草割得与走道的四周一齐。"布朗太太说："我请的那人也已做了，谢谢你，我不需要新的割草工人。"男孩便挂了电话。此时男孩的室友问他说："你不是就在布朗太太那儿割草打工吗？为什么还要打

No Excuse !

这个电话？"男孩说："我只是想知道我究竟做得好不好！"

多问自己"我做得如何"，这就是责任。

还有一位美国作家的例子。有一次，一个小伙子向一位作家自荐，想做他的抄写员。小伙子看起来对抄写工作是完全胜任的。条件谈妥之后，作家就让那个小伙子坐下来开始工作，但是小伙子却朝外边看了看教堂上的钟，然后心急火燎地对他说："我现在不能待在这里，我要去吃饭。"于是作家说："噢，你必须去吃饭，你必须去！你就一直为了今天你等着去吃的那顿饭祈祷吧，我们两个永远都不可能在一起工作了。"作家说那个小伙子曾对他说过，自己因为得不到雇用而感到特别沮丧，但是当这个小伙子有了一点点起色的时候却只想着提前去吃饭，而把自己说过的话和应承担的责任忘得一干二净。

工作就意味着责任。在这个世界上，没有不需要承担责任的工作，相反，你的职位越高、权力越大，你肩负的责任就越重。不要害怕承担责任，要立下决心，你一定可以承担任何正常职业生涯中的责任，你一定可以比前人完成得更出色。

世界上最愚蠢的事情就是推卸眼前的责任，认为等到以后准备好了、条件成熟了再去承担才好。在需要你承担重大责任的时候，马上就去承担它，这就是最好的准备。如果不习惯这样去做，即使等到条件成熟了以后，你也不可能承担起重大的责任，你也不可能做好任何重要的事情。

每个人都肩负着责任，对工作、对家庭、对亲人、对朋友，我们都有一定的责任，正因为存在这样或那样的责任，才能对自己的行为有所约束。寻找借口就是将应该承担的责任转嫁给社会或他人。而一旦我们有了寻找借口的习惯，那么我们的责任之心也将随着借口烟消云散。没有什么不可能的事情，只要我们不把借口放在我们的面前，就能够做好一切，就能完全地尽职尽责。

借口让我们忘却责任。事实上，人通常比自己认为的更好。当他改变自己心意的时候，并不需要去提高他所拥有的技能。他只需要把已有的技能与天赋运用出来就行。这样，他才能够不断地树立起责任心，把借口抛弃掉。

千万不要自以为是而忘记了自己的责任。对于这种人，巴顿将军的名言是："自以为了不起的人一文不值。遇到这种军官，我会马上调换他的

No Excuse!

职务。每个人都必须心甘情愿为完成任务而献身。""一个人一旦自以为了不起，就会想着远离前线作战。这种人是地道的胆小鬼。"

巴顿将军想强调的是，在作战中每个人都应付出，要到最需要你的地方去，做你必须做的事，而不能忘记自己的责任。

千万不要利用自己的功绩或手中的权力来掩饰错误，从而忘却自己应承担的责任。人们习惯于为自己的过失寻找种种借口，以为这样就可以逃脱惩罚。正确的做法是，承认它们，解释它们，并为它们道歉。最重要的是利用它们，要让人们看到你如何承担责任和如何从错误中吸取教训。这不仅仅是一种对待工作的态度，这样的员工也会被每一名主管所欣赏。

负责任的人是成熟的人

*

负责任、尽义务是成熟的标志。几乎每个人做错了事都会寻找借口。对于责任，谁也不想主动去承担，而对于获益颇丰的好事，邀功领赏者不乏其人。负责任的人是成熟的人，他们对自己的言行负责，他们把握自己的行为，做自我的主宰。每一个成熟的企业，都应该教育自己的员工增强责任感，就像培养他们其他优良品质一样。

*

"回应"就是"答复"，相应地，"有所回应的"就是"有所答复的"，就是"负责任的"。不负责任的行为就是不成熟的行为。负责任、尽义务是成熟的标志。我们努力教育孩子成长为负责任的人，就是在帮助他们走向成熟。詹姆斯·麦迪逊独具慧眼，在《联邦党人文集》第63节中给"责任"做了明确的界定："责任必须限定在责任承担者的能力范围之内才合乎情理，而且必须与这种能力的有效运用程度相关。"不成熟的人还不完全具有承担责任的能力。

这是一个不言自明的道理：世上的事都是由某些人去做的，这些人有能力去完成它。我们必须独自承担或与他人共同承担的责任依社会结构和

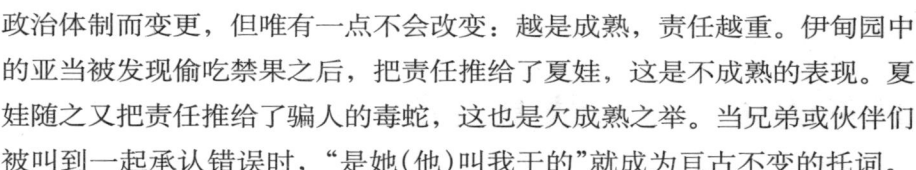

政治体制而变更,但唯有一点不会改变:越是成熟,责任越重。伊甸园中的亚当被发现偷吃禁果之后,把责任推给了夏娃,这是不成熟的表现。夏娃随之又把责任推给了骗人的毒蛇,这也是欠成熟之举。当兄弟或伙伴们被叫到一起承认错误时,"是她(他)叫我干的"就成为亘古不变的托词。

事情还远不止于此。这种无意中流露出的不成熟通常会延续到成年时代。几乎每个人做错了事都会寻找借口。在华盛顿,政客们都习惯于用"发生了错误"这种被动语态来逃避谴责。对于责任,谁也没有主动去承担,而对于获益颇丰的好事,邀功领赏者不乏其人,尽管许多从事公益事业的人们都熟知一句格言:只要你并不关心谁将受赏,做好事将永无止境。

归根结底,我们要为塑造自我而负责。"我就是这种人!"不该成为冷漠或可耻行为的借口。这种说法甚至也不够准确,因为我们不可能永远不变。亚里士多德特别强调,我们怎样定义自己,我们就成为怎样的人。英国哲学家玛丽·麦金莱在《人与兽》中指出:"存在主义最精辟最核心的观点就是把承担责任作为自我塑造的主旨,抛弃虚伪的借口。"

19世纪存在主义鼻祖之一克尔恺郭尔感叹芸芸众生中责任感的丧失,在《作者本人对自己作品的看法》这本书中,他写道:"群体的含义等同于伪善,因为它使个人彻底地顽固不化和不负责任,至少削弱了人的责任感,使之荡然无存。"奥古斯丁在他的《忏悔录》中把这种屈服于同辈压力的弱化责任感作为对青年时代破坏行为进行反思的主要内容。"这全是因为当别人说'来呀,一起干吧!'的时候,我们羞于后退。"奥古斯丁和亚里士多德及存在主义者都坚持认为人们应对自己的行为负责。缺乏责任感并不能否认责任存在的事实。

负责任的人是成熟的人,他们对自己的言行负责,他们把握自己的行为,做自我的主宰。每一个成熟的企业,都应该教育自己的员工增强责任感,就像培养他们其他优良品质一样。

No Excuse !

真正的负责是对结果负责

*

事实上，对于真正负责任的人，如果你只让他为过程负责，他是不会高兴的。因为这使他们没有机会展示自己的创造力、判断力和决断力，也感觉不到自己做出了贡献。

*

对于一个真正负责任的人，你只需要告诉他你需要的结果，他就能把这件事情处理好。美西战争初期，美国总统希望与古巴的反叛者们联络合作，问题是如何把这个消息带给隐藏在古巴山区、行踪不定的反叛者领袖加西亚。有人告诉总统："想找一个能把信带给加西亚的人，非安德鲁·罗文莫属。"果然，罗文接过信，用油布袋子装好，4天之后，他乘一艘小船来到了古巴海岸，化装成一个英国运动员，走进了茫茫的丛林。3个星期后，他从古巴海岸的另一边出来，任务完成了。

罗文接受命令时，没有问问题。他只是向总统敬了一个礼，然后就离开了。至于他如何克服困难，完成任务，则成了那场战争的奇迹之一。全球各地的领导人都希望找到像罗文这样的人为他们工作——不抱怨，甚至不需要上级给出完整的指令，但却值得信赖，能够帮助他们"把信带给加西亚"。

林肯说："人所能负的责任，我必能负；人所不能负的责任，我亦能负；如此，才能磨炼自己。"

事实上，对于真正负责任的人，如果你只让他为过程负责，他是不会高兴的。因为这使他们没有机会展示自己的创造力、判断力和决断力，也感觉不到自己做出了贡献。

演说家格里·富斯特讲了一个简单的故事，从这个故事中，可以对责任感的强弱做出比较清晰的分辨。作为一个公众演说家，格里·富斯特发现自己成功的最重要一点是让顾客及时见到他本人和他的材料。事实上，这件事情如此重要，以至于格里·富斯特管理公司有一个人的专职工作就

No Excuse !

是让他本人和他的材料及时到达顾客那里。

最近，我安排了一次去多伦多的演讲。飞机在芝加哥停下来之后，我往公司办公室打电话以确定一切是否都已安排妥当。我走到电话机旁，一种似曾经历的感觉浮现在脑海中。8年前，同样是去多伦多参加一个由我担任主讲人的会议，同样是在芝加哥，我给办公室里那个负责材料的琳达打电话，问演讲的材料是否已经送到多伦多，她回答说："别着急，我在6天前已经把东西送出去了。""他们收到了吗？"我问。"我是让联邦快递送的，他们保证两天后到达。"

让我们分析一下这段对话。或者说，让我们来分析一下这两个对话，因为它们实际上是两个对话。一个是关于活动的，而另一个是关于结果的。

不太有责任感的人往往会为行为承担责任，而那些更负责任的人，往往是对结果负责。

琳达当然感到自己是负责任的。她获得了正确的信息（地址、日期、联系人、材料的数量和类型）。她也许还选择了适当的货柜，亲自包装了盒子以保护材料，并及早提交给联邦快递为意外情况留下了时间。但是，正如这段对话所显示的，她没有负责到底，直到有确定的结果。格里·富斯特继续讲他的故事。

那是8年前的事情了。随着8年前的记忆重新浮现，我的心里有些忐忑不安，担心这次再出意外，我接通了助手艾米的电话，说："我的材料到了吗？""到了，艾丽西亚3天前就拿到了。"她说，"但我给她打电话时，她告诉我听众有可能会比原来预计的多400人。不过别着急，她把多出来的也准备好了。事实上，她对具体会多出多少也没有清楚的预计，因为允许有些人临时到场再登记入场，这样我怕400份不够，为保险起见寄了600份。还有，她问我你是否需要在演讲开始前让听众手上有资料。我告诉她你通常是这样的。但这次是一个新的演讲，所以我也不能确定。这样，她决定在演讲前发资料，除非你明确告诉她不这样做。我有她的电话，如果你还有别的要求，今天晚上可以找到她。"

问一个简单的问题：哪一个——琳达还是艾米，会更好地为公司工

No Excuse!

作？显而易见，你喜欢艾米，格里·富斯特当然也是这么选的。艾米让格里·富斯特更放心，因为艾米是为结果负责。她知道结果是最关键的，在结果没有出来之前，她是不会休息的。

领导者们普遍认同一个观点：希望员工为结果负责。他们常常为那些只为自己的行为过程负责的员工感到烦恼。在生产线出现的一个很小的错误，如果当场解决后，浪费的财产可能是1美元；当把这个机器装到现场的时候，造成的损失至少是1 000美元。领导总是愿意寻找那些具有"寻求结果"倾向的人，这些人一旦认识到眼下的行为对结果不利，就能够迅速改变做事的方法。

当一个人能对事情的结果负责时，他必能担当起重任。不爱江山爱美人的温莎公爵正是这样一个对结果负责的人。有一次，英国王室为了招待印度当地居民的首领，在伦敦举行晚宴，当时还是"皇太子"的温莎公爵主持这次宴会。宴会中，达官贵人们觥筹交错，相与甚欢，气氛融洽。可就在宴会结束时，出了这么一件事，侍者为每一位客人端来了洗手盆，印度客人们看到那精巧的银质器皿里盛着亮晶晶的水，以为是喝的水呢，就端起来一饮而尽。作陪的英国贵族目瞪口呆，不知如何是好，大家纷纷把目光投向主持人。温莎公爵神色自若，一边与客人谈笑风生，一边也端起自己面前的洗手水，像客人那样"自然而得体"地一饮而尽。接着，大家也纷纷效仿，本来会造成的难堪与尴尬顷刻释然，宴会取得了预期的成功，当然也就使英国国家的利益得到了进一步的保证。没有对国家彻底的负责精神，"皇太子"要在这样的场合喝下洗手水是很难想象的。

还有一个流传久远的故事，告诉了我们要对结果负责，就必须对行动的细节负责。

国王理查三世准备拼死一战了。里奇蒙德伯爵亨利带领的军队正迎面扑来，这场战斗将决定谁统治英国。

战斗进行的当天早上，国王理查三世派了一个马夫去备好自己最喜欢的战马。

"快点给它钉掌，"马夫对铁匠说，"国王希望骑着它打头阵。"

"你得等等，"铁匠回答，"我前几天给国王全军的马都钉了掌，现在我得找点儿铁片来。"

"我等不及了。"马夫不耐烦地叫道，"国王的敌人正在推进，我们必

No Excuse !

须在战场上迎击敌兵，有什么你就用什么吧。"

铁匠埋头干活，从一根铁条上弄下四个马掌，把它们砸平、整形，固定在马蹄上，然后开始钉钉子。钉了三个掌后，他发现没有钉子来钉第四个掌了。

"我需要一两个钉子，"铁匠说，"得需要点儿时间砸出两个。"

"我告诉过你我等不及了，"马夫急切地说，"我听见军号声，你能不能凑合一下？"

"我能把马掌钉上，但是不能像其他几个那么结实。"

"能不能挂住？"马夫问。

"应该能，"铁匠回答，"但我没把握。"

"好吧，就这样，"马夫叫道，"快点，要不然国王会怪罪咱俩的。"

两军交锋，国王理查三世冲锋陷阵，鞭策士兵迎击敌人。"冲啊，冲啊！"他喊着，率领部队冲向敌阵。远远地，他看见战场另一头几名自己的士兵退却了。如果别人看见他们这样，也会后退的，所以国王理查三世策马扬鞭冲向那个缺口，召唤士兵掉头战斗。他还没走到一半，一只马掌掉了，战马跌翻在地，国王理查三世也被掀在地上。

国王理查三世还没有再抓住缰绳，惊恐的畜生就跳起来逃走了。他环顾四周，他的士兵们纷纷转身撤退，敌人的军队包围了上来。

他在空中挥舞宝剑，"马！"他喊道，"一匹马，我的国家倾覆就因为这一匹马。"

他没有马骑了，他的军队已经分崩离析，士兵们自顾不暇。不一会儿，敌人俘获了国王理查三世，战斗结束了。

从那时起，人们就说：

少了一个铁钉，丢了一只马掌。

少了一只马掌，丢了一匹战马。

少了一匹战马，败了一场战役。

败了一场战役，失了一个国家。

所有的损失都是因为少了一个马掌钉。

任何事情都是由一个个细节组成的，如果我们没有对结果负责的精神，总是有凑合和侥幸的心理，许多看起来不重要的细节最终将破坏大局。

No Excuse !

养成承担责任的习惯

*

养成承担责任的习惯,才能真正担负起自己的职责。

不负责任的行为就是不成熟的行为,负责任是成熟的标志。负责任的人是成熟的人,他们做自己的主宰,对自己的言行负责,他们把握自己的行为,无论大事小事都认真负责。换句话说,一个成熟的人必定养成了承担责任的习惯。

*

不负责任的行为就是不成熟的行为,负责任是成熟的标志。负责任的人是成熟的人,他们做自己的主宰,对自己的言行负责,他们把握自己的行为,无论大事小事都认真负责。换句话说,一个成熟的人必定养成了承担责任的习惯。

养成承担责任的习惯,才能真正担负起自己的职责。

很早以前,英格兰有个国王叫阿尔弗烈德,他是一个精明而又有正义感的人,是英国历史上非常了不起的国王之一。直到几个世纪后的今天,他还被称作阿尔弗烈德大帝而广为人知。

阿尔弗烈德统治时期的英格兰形势复杂,国家受到凶猛的丹麦人的入侵。丹麦人跨过海洋前来进犯,他们如潮水般涌来,个个凶悍勇猛,很长时间几乎百战百胜。如果他们继续势不可当,将会征服整个英格兰。

最终,经过数次战役,阿尔弗烈德率领的英格兰军队溃不成军。每个人,包括阿尔弗烈德,都只能设法逃生。阿尔弗烈德乔装打扮为一个牧羊人,只身逃走,穿过森林和沼泽。

经过几天漫无目的的游荡,他来到一个伐木工的小屋。饥寒交迫的他敲开房门,乞求伐木工的妻子给点儿吃的东西并借宿一宿。

女人同情地看着这个衣衫褴褛的男人,她不知道他是谁。"请进,"她说,"你给我看着炉子上的蛋糕,我会供你晚餐的。我现在出去挤牛奶,你好好看着,等我回来,可别让蛋糕煳了。"

No Excuse!

阿尔弗烈德礼貌地道了谢。坐在火炉旁边。他努力把精力集中到蛋糕上，可是不一会儿他的烦心事就充满了脑子。怎样重整军队？重整旗鼓后又怎样去迎战丹麦人？他越想越觉得前途渺茫，开始认为继续战斗也将无济于事。阿尔弗烈德只顾想自己的问题，他忘了自己是在伐木工的屋子里，忘了饥饿，忘了炉子上的蛋糕。

过了一会儿，女人回来了，她发现小屋里烟熏火燎，蛋糕已经烤成焦炭。阿尔弗烈德坐在炉边，目光盯着炉火，他根本就没注意到蛋糕已经烤焦。

"你这个懒鬼，窝囊废！"女人叫道，"看看你干的好事。你想吃东西，可你袖手旁观！好了，现在谁也别想吃晚餐了！"阿尔弗烈德只是羞愧地低着头。

这时，伐木工回来了。他一进家门就注意到这个坐在炉边的陌生人。"住嘴！"他告诉妻子，"你知道你在责骂谁吗？他就是我们伟大的国王阿尔弗烈德！"

女人惊呆了，她跑到国王面前急忙跪下，请求国王原谅她如此粗鲁。但是明智的国王请女人站了起来。"你责怪我是应该的，"他说，"我答应你看着蛋糕，可蛋糕还是烤煳了，我该受惩罚。任何人做事，无论大小都应该认真负责。这次我没做好，但此类事情不会再有了，我的职责是做好国王。"

这个故事没告诉我们那天晚上阿尔弗烈德是否吃了晚饭，但没过多久，他就重整自己的军队，把丹麦人赶出了英格兰。

图谋大业必须从注重小节开始，养成负责任的习惯，领袖也不例外。阿尔弗烈德从烤煳的蛋糕上看到了自己对责任的疏忽，并联想到了领袖的职责，继而奋发而为，实在是令人感慨。

在西点军校，学员经过几年的强化学习和训练，承担责任的意识已深入骨髓，在日常生活和工作中完全成为一种习惯。西点军校学员章程规定：每名学员无论在什么时候，无论在什么地方，无论穿军装与否，也无论是在担任警卫、值勤等公务还是在进行自己的私人活动，都有义务、有责任履行自己的职责和义务。对任何细小的事情都不可率性而为，不计后果。从最基本的自己遵守和维护西点军校各项规章制度，到对于其他违反规章的人和事也必须按照规章的要求提示、劝诫或报告，再到学习、生

No Excuse！

活、社交、伦理的方方面面的细节，学员们完全养成了承担责任的习惯。

西点军校毕业生、Compass集团总裁约翰·克里斯劳说："我以前的一个室友违反了《荣誉准则》。当他把所做的事告诉我时，我并没有网开一面，而是告发了他。这并不是由于我不在乎他，我深深地关心他。但我知道，与他被给予第二次机会相比，原则更为重要。我当时18岁，我知道我首要的责任是坚守荣誉的原则。"正因为养成了承担责任的习惯，所以即使自己情感上还有障碍，也会坚决地按照原则办事。

麦金莱总统在西点军校演讲时，对学员们说："比其他事情更重要的是，你们需要尽职尽责地把一件事情做得尽可能完美；与其他有能力做这件事的人相比，如果你能做得更好，那么，你就永远是个好军人。"

无论做什么事都需要尽职尽责，它对你日后事业上的成败都起着决定作用。一名成功的经营者说："如果你能真正制好一枚别针，应该比你制造出粗陋的蒸汽机赚到的钱更多。"因为一枚完好的别针也需要彻底的负责精神，而粗陋的蒸汽机却证明你缺乏尽职尽责的习惯。然而，这么多年来，没有多少人领会到这一点。

在工厂的入口处，有一根生了锈的大铁钉被丢弃竖立在那里。员工进进出出，于是乎不外发生下列情形。第一种员工是根本没看见，便抬脚横跨而过。第二种员工看到了铁钉，也警觉到它可能产生的危险，不过这种员工所持的态度又可能出现三种不同的类型：第一类心想别人会捡起来，不用自己操心，只要自己小心，实在不必庸人自扰，于是视若无睹，改道而行；第二类会认为自己现在太忙，还有很多要事待解决，等办完事后再来处理那根铁钉；第三类则抱着事不宜迟的态度，马上弯腰捡起并妥善处置。在这些看见铁钉的员工中，只有最后一类员工具有负责任的习惯，而这种于细微处体现出的责任感，正是成就大业的基础。

法国银行大王恰科年轻时，曾经有很长一段时间找不到工作。他到处求职又总被拒绝。当他第53次被一家银行老板拒绝之后走出门外时，于不经意间发现了地上有枚大头针。他想，如果这大头针叫别人不小心踩上受了伤就不好了。于是，他就弯腰把它拾了起来。没想到，他的这个动作正好被刚刚将他拒之门外的银行老板看见了。老板认为，如此细心负责的人，很适合做银行工作。就这样，他又被录取了。

这种于细微处见精神的行为，没有尽职尽责习惯的人是不可能做到

No Excuse!

的，企业领导都会十分看重这一点。

忠诚是无价之宝

＊

在这个世界上，并不缺乏有能力的人，那种既有能力又忠诚的人才是每一个企业企求的最理想的人才。那些忠诚于老板、忠诚于企业的员工，都是努力工作、没有任何借口的员工。他们的忠诚会让他们达到我们想象不到的高度。

＊

一个年轻人在他的父母、导师、老板或其他人的眼中，最可贵的品质恐怕就是忠诚了。关于这一点，许多人的观念中好像都存在着一个令人费解的误区，他们几乎都认为不管他们从事什么样的工作，只要他们把工作做好就行了，至于其他的因素可以不予考虑。

毫无疑问，大多数年轻人对自己的老板都怀有一定程度的忠诚之心，至少对于他们现在所从事的工作是这样的。但这样的忠诚在很多时候都表现得极其不够。甚至还有一些人，为人子者，为人卫者，为人徒者，为人仆者，故意在他们的监督者不在的时候把事情弄得一团糟，这样的人是绝对不能任用的。

在对老板的忠诚方面，我们除了应该做好分内的事情之外，还应该表现出对老板事业兴旺和成功的兴趣，不管老板在不在场，都要像对待自己的东西一样照看好老板的设备和财产。一些年轻人有这样的倾向，那就是如果老板把所赚的利润都给他一个人的话，他将比平时更加勤奋、谨慎、节俭和专心，但无数事实证明，这样的人永远也达不到想象中的那种成功。

很多人，如果你说他对老板的忠诚不足，他会这样辩解："忠诚有什么用呢？我又能得到什么好处？"忠诚并不是为了增加回报的砝码，如果是这样，就不是忠诚，而是交换。我们应该明白，在这个世界上，并不缺

No Excuse !

乏有能力的人，那种既有能力又忠诚的人，才是每一个企业企求的最理想的人才。人们宁愿信任一个虽然能力差一些却足够忠诚敬业的人，而不愿重用一个朝三暮四、不忠诚的人，哪怕他能力非凡。如果你是老板，你肯定也会这样做的。

有很多这样的年轻人，干活的时候敷衍了事，做一天和尚撞一天钟，从来不愿多做一点儿工作，但到了玩乐的时候却是兴致万丈，得意的时候春风满面，领工资的时候争先恐后。比如修好墙上的一个破洞，帮老板把几箱货物放在该放的地方，随时记下几笔零碎的账目，都只不过是举手之劳，却可以给企业省下很多时间和金钱，但他们就是不愿意这样做。如果是自己的企业，你会袖手旁观、置之不理吗？当然不会。那么受人所雇，就不应当尽力而为了吗？有些人做事马马虎虎，懒懒散散，因为他们觉得即使做事兢兢业业也得不到什么好处，这些人最好读一下有关一个有着忠诚和奉献精神的仆人的故事。

一位马耳他王子在路过一间公寓时看到他的一个仆人正紧紧地抱着主人的一双拖鞋睡觉，他上去试图把那双拖鞋拽出来，却把仆人惊醒了。这件事给这位王子留下了很深的印象，他立即得出结论：对小事都如此小心的人一定很忠诚，可以委以重任，所以他便把那个仆人升为自己的贴身侍卫，结果证明这位王子的判断是正确的。那个年轻人很快升到了事务处工作，又一步一步当上了马耳他的军队司令，最后他的美名传遍了整个西印度群岛地区。

不要指望有任何不需要付出的回报，忠诚是一条双行道，付出一磅忠诚，你将收获双倍的忠诚。笔者阅读巴顿将军的回忆录时，在他于1943年7月18日从西西里发出的一封信里，读到这样一段话："不久前的某一天，威廉·达比上校被提升为一个团的团长。级别提升了一级，但他拒绝接受，因为他愿意与他训练出来的士兵待在一起。同一天，艾伯特·魏德迈将军请示降为上校，为的是能够去指挥一个团。我认为这两种行动都很棒。"这就是西点军校所提倡的忠诚。威廉上校为了忠诚于自己的部下而甘愿放弃晋升的机会，他的部下必将对他更加忠诚。但前提是，他的那些部下首先是对他忠诚的。一个不忠诚的部下永远不会有遇到这样的上司的幸运。

忠诚是人类最重要的美德。那些忠诚于老板、忠诚于企业的员工，都

No Excuse !

是努力工作、不找任何借口的员工。在本职工作之外,他们还积极地为公司献计献策,尽心尽力地做好每一件力所能及的事。而且,在危难时刻,这种忠诚会显现出它更大的价值。能与企业同舟共济的员工,他的忠诚会让他达到我们想象不到的高度。

忠诚是一丝不苟的责任

*

忠诚不是虚幻的,它更多地体现在日常工作的兢兢业业之中。这是个让人十分无奈的事实,每个公司都并不缺少人才,但缺少的是忠诚于公司的富有激情的人才,更缺少能自觉关心公司利益的人才。

*

忠诚不仅体现在一些让人惊叹的伟业上,更多地体现在日常工作的兢兢业业之中。

有个叫作乔治的年轻人,刚从大学毕业到一家钢铁公司工作还不到一个月。在那里,他发现很多炼铁的矿石并没有得到完全充分的冶炼,一些矿石中还残留着没有被冶炼好的铁,他想这种情况再继续下去,公司就会有很大的损失。

于是,他找到了负责这项工作的工人,跟他说明了问题,这个工人说:"如果技术有了问题,工程师一定会跟我说,现在还没有哪一位工程师向我说明这个问题,说明现在没有问题。"乔治又找到了负责技术的工程师,对工程师说明了他看到的问题。工程师很自信地说:"我们的技术是世界上一流的,怎么可能会有这样的问题呢?"工程师并没有把他说的问题看成是一个很大的问题,还暗自认为,一个刚刚毕业的大学生,能明白多少,不会是因为想博得别人的好感而表现自己吧。

但是,乔治认为这是一个很大的问题。于是,他拿着没有冶炼好的矿石找到了公司负责技术的总工程师。他说:"先生,我认为这是一块没有冶炼好的矿石,您认为呢?"总工程师看了一眼,说:"没错,年轻人你说

No Excuse！

得对。哪里来的矿石？"乔治说："是我们公司的。""怎么会，我们公司的技术是一流的，这样的问题怎么会发生？"总工程师很诧异。"工程师也这么说，但事实确实如此。"乔治坚持道。"看来是出问题了。怎么没有人向我反映？"总工程师有些发火了。

总工程师召集负责技术的工程师来到车间，果然发现了一些冶炼并不充分的矿石。经过检查发现，原来是监测机器的某个零件出现了问题，才导致了冶炼不充分。

公司的总经理知道这件事之后，不但奖励了乔治，而且还晋升乔治为负责技术监督的工程师。总经理非常感慨地说："我们公司并不缺少工程师，但缺少的是忠诚于公司的工程师，更缺少自觉关心公司利益的工程师，这么多工程师就没有一个人发现问题，并且有人提出了问题，他们还毫不在意，对于一个企业来讲，人才是重要的，但更重要的是，要有忠诚于公司的激情，这样才能真正对自己的工作负责。"

这位总经理说得对，真正的人才一定要德才兼备，要有忠诚于公司的激情，而忠诚也不是什么表表忠心，而是对公司利益切切实实的关心，对工作一丝不苟的责任。

有些人总以为，公司的事情让老板去操心就好了，一名小小的员工管那么多完全是没事找事，而且，你用了心费了力，老板也不一定知道。但是一名富有忠诚激情的员工就不会这么想，他们不会计较自己的利益，因为他们把公司的利益看作自己的利益，他们关心公司的得失就像关心自己的安危。这样的员工是公司的支柱，他们的行为总会引起老板的重视，这不仅会给公司带来好处，个人也会被重用。

安妮是一家公司的秘书。安妮的工作就是整理、撰写、打印一些材料。很多人都认为安妮的工作单调乏味，但安妮不觉得，她觉得自己的工作很好。她说："检验工作，唯一的标准就是你做得好不好，不是别的。"

安妮整天做着这些工作，做久了，她发现公司的文件中存在很多问题，甚至公司的一些经营运作方面也存在着问题。于是，安妮除了每天必做的工作之外，她还细心地搜集一些资料，甚至是过期的资料，她把这些资料整理分类，然后进行分析，写出建议。为此，她还查询了很多有关经营方面的图书。最后，她把打印好的分析结果和有关证明资料一并交给了老板。

No Excuse !

老板起初并不在意，一次偶然的机会，老板读到了安妮的这份建议，他非常吃惊，没想到这个平常毫不起眼的年轻秘书，居然对公司这样关心，居然有这样缜密的心思，而且她的分析井井有条，细致入微。后来，她的建议中有很多条都被采纳了。

老板很欣慰，他觉得有这样的员工是他的骄傲。当然，安妮也被老板委以重任。安妮觉得没必要这样，因为她觉得她只比正常的工作多做了一点点，但是，老板却觉得她为公司做了很多很多，而且，公司的重要工作就需要像她这样兢兢业业、热情饱满而又不动声色的人。

这个老板对安妮的奖赏是合理而应该的，肯定有很多人看起来比安妮更有才能，也占据着看起来比安妮更重要的职位，但他们缺少的却是像安妮一样的那么一点点忠诚、一点点责任和一点点激情。

忠诚是公司的命脉

*

> 忠诚是公司的命脉。一个忠诚度很高的团结的团队，在商战中的战斗力将是不可估量的。很久以来，所有的优秀企业就形成了一致的共识：把有没有忠诚作为选才的一个重要衡量标准。

*

忠诚的激情不仅是一个人主动地为他所属的团体做出无私的奉献，更是一个人主动地帮助解决团体的危难。的确，当一个企业陷入危机的时候，考验员工忠诚的时候就到了。

有一家生意不错的旅行社。老板出差期间，有人秘密地把公司几乎是全部客户的资料出卖给了竞争对手。旅游旺季到来之时，这家旅行社以往的签约顾客居然一个都没有来。旅行社陷入到了前所未有的危机之中。

没有人知道这是谁干的。客户服务部的经理引咎辞职，尽管她是无辜的，老板也觉得自己对不起公司的员工。"我很遗憾公司出现了这样的事情，"老板说，"现在，公司的资金周转出现了困难，这个月的薪水暂时不

No Excuse !

能发给大家。我知道，有的人想辞职，要是在平时我会挽留大家，这个时候大家想走，我会立刻批准，因为我已经没有挽留大家的理由了。"

"老板，您放心，我们是不会走的，我们不能在这个时候离开，我们一定会战胜困难。"一名员工说。"是的，我们不会走的。"很多人都在说。员工表现出来的忠诚感染了老板，也感染了在场的每一个人。

后来，这家旅行社没有倒闭，而且比以前做得还要好，因为，在危难中老板发现了一批忠诚于公司的员工，依靠他们，公司的发展更加繁荣。与此同时，在危难中留下来的员工也都得到了重用，他们在公司的发展中也发展了自己，而那些临危而去的员工却失去了发展自己的机会。老板说："我要感谢我的员工，在我要放弃的时候，是他们的忠诚帮助公司战胜了困难，他们让我知道了企业真正的资本是什么，那就是忠诚的激情。"

忠诚的力量是不可估量的。在法军的一支部队里有一对兄弟，其中一人被德军的子弹击中，幸免于难的另一人请求长官允许他去把兄弟背回来。长官说："他可能已经死了，你冒着生命危险去把他的尸体背回来是没有用的。"但在这个人一再的恳求下，长官同意了。

就在那名士兵刚把他的兄弟背回到营地时，他那身负重伤的兄弟死去了。长官说："看看，你冒死把他背回来真是毫无意义。"但这名士兵回答说："不，我做了他所期望的事。我得到了回报。当我摸到他身边扶起他时，他说：'皮埃尔，我知道你会来的——我就是觉得你会来。'"

这名士兵得到的回报是什么呢？是一种无价而穿心的信赖。这种由信赖而产生的互相依附和忠诚，是人世间最可宝贵的情感和财富。

我们说忠诚可以拯救一个危难中的公司，可以让人爆发出一种高贵的激情，而背叛却可以摧毁一家公司，也毁掉一个人做人的热情。

在一次激烈的商业谈判中，纳斯特公司的谈判人员发现要想实现自己的目标显然有了困难，但他们必须获得成功，因为这次交易的商业利润非常可观。谈判的对方华声公司也有自己的底线，但是他们不能轻易亮出自己的底线，谈判一直在僵持中。

纳斯特公司一直摸不清华声公司的谈判底线，经过几天的周旋，还是雾里看花。纳斯特公司的谈判助理说："实在不行，我们就收买他们的谈判人员，答应谈判成功之后给他们满意的回扣，这对我们来说，是舍小保

No Excuse！

大，从长远来看，是值得的。我听说魁蒙公司和福可思公司也已经介入了，如果不采取措施的话可能会失去这个机会。"

谈判副主席对此不同意，认为这样做违背公平竞争的原则。但最后，谈判主席，也就是这家公司的副总裁，认为可以试一下，他说："我想证明一个问题，看这家公司的员工究竟如何？"纳斯特公司的谈判助理以为，没有人不喜欢钱，"重赏之下必有勇夫"，他制订好计划就开始了运作。然而，事情居然出乎他的意料，他以为自己的计划很周详，也很到位，给他们的回扣也不低，没想到却遭到了他们的坚决拒绝。

纳斯特公司的谈判助理悻悻而归。当他把这个消息告诉纳斯特公司的谈判主席时，谈判主席却笑了，并且点点头。谈判助理对主席的反应一头雾水。

第二天谈判开始的时候，没有人说话。这时纳斯特公司的谈判主席开口了："我们同意贵公司提出的价钱，就按照你们说的价钱成交。"这是让两家公司的谈判成员都没有想到的。接着，纳斯特公司的谈判主席继续说："我的助理做的事情我是知道的，我当时没有反对，就是想证明一件事。最终证实我的猜想对了，贵公司的谈判人员不仅谈判技巧高，而且协作非常好，最关键的一点是，你们对自己的公司非常忠诚，这令我敬佩。我们是对手，成交的价钱是我们分胜负的标准。但是，一个企业的生存并不是仅仅依靠钱的多少。员工的忠诚是一个企业的命脉。你们的表现让我看到贵公司命脉坚实，和你们合作，我们放心。从价钱上来看，我们是亏了一些，但我认为我们会赚得更多。"他的话还没说完，全场就响起了热烈的掌声。

忠诚是公司的命脉。一个忠诚度很高的团结的团队，在商战中的战斗力将是不可估量的。其实很久以来，这就成了所有优秀公司的共识：把有没有忠诚作为选才的一个重要衡量标准。

雄武是一家日本企业的业务部副经理，他年轻能干，刚进企业两年就得到了这样一个要职，大家都对他刮目相看。然而半年之后，他却悄悄离开了公司。同事们都很惋惜，没有人知道他为什么离开。

雄武走后不久，找到了他的朋友，也是和他一起来到这家公司的山木先生。在酒吧里，雄武喝得烂醉，他对山木说："知道我为什么离开吗？我非常喜欢这份工作，但是我犯了一个错误，我为了获得一点儿小利，失

No Excuse!

去了作为公司职员最重要的东西。虽然总经理没有追究我的责任，也没有公开我的事情，算是对我的宽容，但他今后还会相信我吗？我真的很后悔，你千万别犯我这样的低级错误，不值得啊。"

山木听得糊涂，但是他知道这一定和钱有关。原来，雄武在担任业务部副经理时，曾经收过一笔款子，业务部经理说可以不入账："没事儿，大家都这么干，你还年轻，以后多学着点儿。"

雄武虽然觉得这么做不妥，但是他也没拒绝，半推半就地拿下了这笔钱。当然，业务部经理拿到的更多。没多久，业务部经理就辞职了。后来，总经理发现了这件事，批评了雄武，但没有将此事公开，但雄武自己越想越不安，惶惶不可终日，他总觉得自己做了对不起公司的事情，有了污点，总经理不会再重用他，因此，他就悄悄离开了公司。

山木看着雄武落寞的神情，知道雄武一定很后悔，但是有些东西失去了就很难弥补回来，雄武失去的是对公司的忠诚，而抛弃的则是他自己，因为失去了对公司的忠诚，雄武还能奢望公司再相信他吗？

《魔鬼词典》里说：陷阱就是掺进毒药的一块涂满奶油的蛋糕，能够抵制诱惑而不落入陷阱的人并不是很多，很多人会以身试毒，他们总以为自己占了便宜，但不知道他们已经在陷阱之中。

No Excuse！ 第四章 做最优秀的员工

No Excuse !

焕发崇高而伟大的岗位激情

*

忠于自己的职责是一种神圣的激情，这种激情更多地体现在普通的工作岗位上。一个对岗位职责有深刻体悟的人一定会有非同寻常的岗位激情，他热爱自己的岗位，在自己的岗位上兢兢业业，鞠躬尽瘁。正如拿破仑所说："没有人能毁灭我们尽职的激情，它只能自我泯灭。"

*

现代职业是一种岗位，岗位是整个社会职业系统所规划的一个位置。一个社会、一个企业是由无数岗位构成的系统，岗位与岗位之间有千丝万缕的联系，也意味着千丝万缕的责任。这种联系与责任或者是直接的，比如流水线上的岗位分工就是一种职责分派，任何一个岗位的工作出了毛病会直接影响到别的岗位的工作；这种联系与责任也可能是间接的，比如当我们用到一些劣质产品时会恼火地抱怨："这个企业怎么这样不负责任！"

人类的工作是一种系统化的工作，人类的生活是一种社会化的生活。每个社会成员都要进入这个工作系统，并对这个系统的正常运转负责，同时，每个人也会在一个负责的社会系统中受益，或者在一个不负责任的社会中遭殃。为建立一个负责的社会和企业，每个人都应该意识到自己的岗位职责，这不仅是为社会和企业，也是为了自己更好地生活。

一个对岗位职责有深刻体悟的人一定会有非同寻常的岗位激情，他热爱自己的岗位，在自己的岗位上兢兢业业，鞠躬尽瘁。在有的人看来，这种人太傻，不值得，然而，他们根本不懂得一个人在将自己的生命与岗位合二为一之后的幸福与神圣。

人们永远记得两千年前那位驻守在庞贝古城的古罗马哨兵。由于维苏威火山喷发，整个庞贝城被毁掉了，后来人们在废墟中发现了这位死在岗位上的哨兵。这是一名真正的战士，当其他人都退却的时候，他仍然坚守在自己的岗位上，他感到这是他的责任。只要派他去保护这个地方，他就永远不能退缩。他因硫化物释放的烟雾窒息而死，他的身体也惨不忍睹，

No Excuse !

然而他的精神永在。至今，他的铜盔、长矛、护胸甲仍然被存放在那波利的波波利克博物馆中，为后人所瞻仰。

也许拿庞贝城那位古罗马士兵作为忠于职守的事例显得过于久远，那就看看近一些的"贝克黑德"号船只吧。"贝克黑德"号上所有的士兵都沉没在非洲的海洋里了，当这个消息传到英国之后，威灵顿公爵正在皇家学院宴会厅参加一个盛宴。麦克雷说："在我的记忆中，威灵顿公爵极少对普通人大加赞赏，但这次例外。公爵在表彰他们时没有提起他们的勇气，而是一直强调他们忠于职责的精神，他把这一点重复了好几遍。我猜想，公爵是把后者看作更为重要的战斗力了。"

忠于自己的职责是一种神圣的激情，这种激情具有超常的力量。一个多世纪前的一天，新英格兰发生了一次日食现象，天空变得非常黑暗，许多人都以为是末日审判来临了。康涅狄格州议会正在召开会议，当黑暗来临时，大家开始心慌意乱，一名议员提议休会。这时，一位来自斯坦福大卫港的老清教徒立法议员站起来说道，即使世界末日真的到来，也应该坚守自己的岗位，并履行自己的责任。在这种岗位激情的驱使下，他举着蜡烛在房间里四处走动，镇定而毫无惧色。他的行为感动了所有的议员，让大家都意识到自己应该做什么，应该对什么负责，从而使会议从容地进行下去。

负责尽职的岗位激情不仅体现为一些非凡的壮举，它也融化在默默无闻的日常职责之中。一个人的一生要履行很多职责，比如我们要对整个人类负责，要对自己的家庭负责，要对邻居负责，要对雇主或员工负责，要对我们身边的人负责，要对国家负责，以及对自己的城市负责。有时候，我们尽心尽责是有目共睹的，但在大多数情况下却没有人看见，因此，如何做一个对自己的生活与工作负责的人主要是自己私下的事情。拿破仑说得好："没有人能毁灭我们尽职的激情，它只能自我泯灭。"只要我们有心让自己和他人过得好一点、美一点、高尚一点，只要我们有爱，我们就能唤起自己的岗位激情并做出自己难以想象的事情。

事实上，要做好日复一日、年复一年的日常工作，更需要一种献身的激情。在19世纪以前，人们不相信女人能在战斗中照顾士兵，他们只是将女护士看作普通的家庭服务员，然而，南丁格尔小姐改变了人们的看法。南丁格尔是一个多才多艺的社交型少女，她家庭富裕，生活快乐，是大家

No Excuse !

的宠儿,是公众羡慕的中心,她完全没有必要从事护士这一麻烦而不为别人看好的职业。但她放弃了自己拥有的舒适生活,选择了护士职业,甘愿走上一条通向痛苦与悲伤的道路。是什么原因使南丁格尔做出这一选择的呢?她的回答是爱与责任。

南丁格尔一直有关爱别人的强烈激情。她在学校里教书,去医院、监狱和感化院工作。她常常去看望穷人,对那些不幸者、迷失者和受压迫的人满怀关心。为了更好地帮助那些需要帮助的人,她学习使用医院的抹布、刷子和除尘器,还按部就班地学习护理技术。当医院找不到合适的管理人选而濒临倒闭的时候,她主动担当起了管理医院的责任。她忘记了家中的事情,忘记了呼吸山村新鲜的空气,全身心地投入到医院的艰苦工作中。在那里,她把自己的时间、精力和金钱都用于护理生病的姐妹上了。最后,医院的工作得以继续,但她的疾病却因工作劳累而进一步恶化了。有一段时间,她不得不专门去汉普郡医院进行疗养。

然而,克里米亚战争爆发了。伤兵躺在布斯普鲁斯的医院里,急需大量有经验的护士,而医院几乎没有专业护理人员。有着高尚心灵的南丁格尔立刻决定去那里帮助他们。她乘船前去斯库台,那里极其危险——要冒生命危险,要历尽各种艰难险阻,总之什么灾难都有。但是,当责任引导着勇敢的灵魂时,有谁会想到危险呢?南丁格尔几乎是有求必应,她深入到伤员中间,无微不至地照料他们,她成了战士心中的天使与女神。直到今天,护士这一神圣的职业还与南丁格尔的名字联系在一起,它让我们想起一种普普通通然而又崇高伟大的岗位激情。

多加一盎司,工作就大不一样

*

盎司是英美制重量单位,一盎司只相当于1/16磅。但是,就是这微不足道的一点区别,会让你的工作大不一样。多加一盎司,工作可能就大不一样。尽职尽责完成自己的工作的人,最多只能算是称职的员工。如果在自己的工作中再"多加一盎司",你就可能成为优秀的员工。

No Excuse !

著名投资专家约翰·坦普尔顿通过大量的观察研究，得出了一条很重要的原理："多一盎司定律"。他指出，取得突出成就的人与取得中等成就的人几乎做了同样多的工作，他们所做出的努力差别很小——只是"多一盎司"。但其结果，所取得的成就及成就的实质内容方面，却经常有天壤之别。

约翰·坦普尔顿把这一定律也运用于他在耶鲁的经历。约翰·坦普尔顿决心使自己的作业不是95%而是99%的正确。结果呢？他在大学三年级就进入了美国大学生联谊会，并被选为耶鲁分会的主席，并得到了罗兹奖学金。

在商业领域，约翰·坦普尔顿把"多一盎司定律"进一步引申。他逐渐认识到只多那么一点儿就会得到更好的结果。那些更加努力的人就会得到更好的成绩，那些在一品脱的基础上多加了17盎司而不是16盎司的人，得到的份额远大于一盎司应得的份额。

"多一盎司定律"可以运用到所有的领域。实际上，它是使你走向成功的普遍规律。

例如，把它运用到高中足球队，你就会发现，那些多做了一点努力，多练习了一点的小伙子成为了球星，他们在赢得比赛中起到了关键性的作用。他们得到了球迷的支持和教练的青睐。而所有这些只是因为他们比队友多做了那么一点。

在商业界、艺术界、体育界，在所有的领域，那些最知名的、最出类拔萃者与其他人的区别在哪里呢？回答是就多那么一点儿。"多加一盎司"——谁能使自己多加一盎司，谁就能得到千倍的回报。

在工作中，有很多时候需要我们"多加一盎司"。多加一盎司，工作可能就大不一样。尽职尽责完成自己工作的人，最多只能算是称职的员工。如果在自己的工作中再"多加一盎司"，你就可能成为优秀的员工。

"多加一盎司"在所有的工作中都会产生好的效果。如果你多加一盎司，你的士气就会高涨，而你与同伴的合作就会取得非凡成绩。要取得突出成就，你必须比那些取得中等成就的人多努一把力，学会再加一盎司，你会得到意想不到的收获。

"多加一盎司"其实并不难，我们已经付出了99%的努力，已经完成了

第四章 做最优秀的员工

No Excuse !

绝大部分的工作，再多增加"一盎司"又有什么困难呢？但是，我们往往缺少"多一盎司"所需要的那一点点责任、一点点决心、一点点敬业的态度和自动自发的精神。

"多加一盎司"其实是一个简单的秘密。在工作中，有很多东西都是我们需要增加的那"一盎司"。大到对工作、公司的态度，小到你正在完成的工作，甚至是接听一个电话、整理一份报表，只要能"多加一盎司"，把它们做得更完美，你将会有数倍于一盎司的回报。

获得成功的秘密在于不遗余力——加上那一盎司。多一盎司的结果会使你最大限度地发挥你的天赋。约翰·坦普尔顿发现了这个秘密，并把它运用到他的学习、工作和生活中，从而获得了巨大的成功。从现在起，你也掌握了这个秘密，好好运用它吧！

"我已经竭尽全力了吗？或许我还有一盎司可加？"经常这样提问自己，将使你受益匪浅。

只要去找，就一定有办法

*

拥有积极进取精神的人，总是能找到完成工作的最好办法，因为在这种精神的鼓舞下，他们总是显得顽强、自信而智慧。这样的人，必将成为一个团队或企业的中坚力量。

*

美国前总统西奥多·罗斯福说："克服困难的办法就是找办法，而且，只要你找，就一定有办法。"罗斯福8岁的时候，长着一副暴露在外而又参差不齐的丑牙，谁见了都觉得好笑，所以他总是畏首畏尾，个性内向，不善交际。当他在课堂上被老师提问的时候，他总是站在那里两腿直打哆嗦，嘴唇颤动着说出一些含混不清的答案，几乎没有人能听懂。当老师让他坐下时，他才如释重负。

尽管如此，罗斯福从来没有把自己看成一个可怜虫，从未自暴自弃，

No Excuse!

从不以自己的这些缺陷来做借口使自己疏懒下去，也从未觉得自己不可救药，而恰恰是缺陷激励着他去奋斗。针对自己的缺陷——他努力加以改正，如果实在没有办法改变，他就极力加以利用。在演说中，他学会巧妙地利用他的沙声、利用他那暴露在外的牙齿，这些本来足以使演说一败涂地的缺陷，后来竟都变成了使他获得巨大成功的不可缺少的条件。经过不懈的努力，他后来成了深受美国人民爱戴的总统。

与罗斯福一样，我们每个人的一生都会多多少少遭遇到一些不幸，在自己的工作中也会碰到一些无法弥补的损失，有的人会因此而自暴自弃，破罐子破摔，结果很快堕落；有的人则会坚强地面对不幸，积极地寻找办法，在不幸中去寻找新的出路。

在法国一个偏僻的小镇，据传有一个特别灵验的水泉，常会出现神迹，可以医治各种疾病。有一天，一名拄着拐杖，少了一条腿的退伍军人，一跛一跛地走过镇上的马路，旁边的居民带着同情的口吻说："可怜的家伙，难道他要向上帝祈求再有一条腿吗？"这一句话被退伍军人听到了，他转过身对他们说："不，我不是要向上帝祈求有一条新的腿，而是要祈求他帮助我，教我没有一条腿之后，也知道如何生活。"爱达斯石油公司的总裁总是用这个故事教育他的员工。他认为只有那些在没有一条腿之后，还积极争取把路走好的员工才是公司的栋梁，只有他们才是困难的敌人，因为他们"总有克服困难的办法"。

有一个青年在美国某石油公司工作，他所做的工作就是巡视并确认石油罐盖有没有自动焊接好。石油罐在输送带上移动至旋转台上，焊接剂便自动滴下，沿着盖子回转一周，这样的焊接技术耗费的焊接剂很多，公司一直想改造，但又觉得太困难，试过几次也就算了。而这个青年并不认为真的找不到改进的办法，他每天观察罐子的旋转，并思考改进的办法。

经过他的观察，他发现每次焊接剂滴落39滴，焊接工作便结束了。他突然想到：如果能将焊接剂减少一两滴，是不是能节省点成本？于是，他经过一番研究，终于研制出37滴型焊接机。但是，利用这种机器焊接出来的石油罐偶尔会漏油，并不理想。但他不灰心，又寻找新的办法，后来研制出38滴型焊接机。这次改造非常完美。公司对他的评价很高，不久便生产出这种机器，改用新的焊接方式。

也许，你会说：节省一滴焊接剂有什么了不起？但"一滴"却给公司带

No Excuse !

来了每年5亿美元的新利润。这个青年，就是后来掌握全美制油业95%实权的石油大王——约翰·戴维森·洛克菲勒。

现代心理学的研究表明，在困难面前积极想办法的态度会激发我们的潜在智慧，因为我们大多数人的智力在平常都处于半开发的状态，而一个人在兴奋和激动的时候会有意想不到的智力表现，因此一些成功的企业在遇到困难的时候，非常注意营造一种动脑筋、想办法的精神氛围，他们相信天无绝人之路，无路可走的人总是那些不下功夫找路的人。

一位中国商人在谈到卖豆子时充满了一种了不起的精神和智慧。

他说：如果豆子卖得动，直接赚钱好了。如果豆子滞销，分三种办法处理：

一、让豆子沤成豆瓣，卖豆瓣；如果豆瓣卖不动，腌了，卖豆豉；如果豆豉还卖不动，加水发酵，改卖酱油。

二、将豆子做成豆腐，卖豆腐；如果豆腐不小心做硬了，改卖豆腐干；如果豆腐不小心做稀了，改卖豆腐花；如果实在太稀了，改卖豆浆；如果豆腐卖不动，放几天，改卖臭豆腐；如果还卖不动，让它长毛彻底腐烂后，改卖腐乳。

三、让豆子发芽，改卖豆芽；如果豆芽还滞销，再让它长大点，改卖豆苗；如果豆苗还卖不动，再让它长大点，干脆当盆栽卖，命名为"豆蔻年华"，到城市里的各个大中小学门口摆摊和到白领公寓区开产品发布会，记住这次卖的是文化而非食品；如果还卖不动，建议拿到适当的闹市区进行一次行为艺术创作，题目是"豆蔻年华的枯萎"，记住以旁观者身份给各个报社写个报道，如成功可用豆子的代价迅速成为行为艺术家，并完成另一种意义上的资本回收，同时还可以拿点报道稿费。如果行为艺术没人看，报道稿费也拿不到，赶紧找块地，把豆苗种下去，灌溉施肥，除草捉虫，三个月后，收成豆子，再拿去卖。如上所述，循环一次。经过若干次循环，即使我没赚到钱，豆子的囤积相信不成问题，那时候，我想卖豆子就卖豆子，想做豆腐就做豆腐！

看看，在这位中国商人充满智慧的设想中，是不是有一种非要把豆子卖出去的精神？如果没有这种精神，他能爆发出如此令人惊叹的智慧吗？

No Excuse！

老板心目中的优秀员工

*

优秀的员工如同优秀的士兵，他们具有一些共同的特质，他们是具有责任感、团队精神的典范；他们积极主动，富有创造力；他们没有任何借口。任何一个老板都热忱地呼唤这样的员工。

*

每一名进入西点军校的学员，在他们的心中，都埋藏着一个当将军的梦想。若非如此，他们就不可能成为优秀的士兵。同样的，在企业里也有许多这样的优秀员工。在老板的心目中，这些优秀员工是具有责任感、团队精神的典范，他们积极主动，富有创造力。他们是企业宝贵的财富。

老板心目中的优秀员工，往往是下面这些。

(1)**不忘初衷而虚心学习的员工**。所谓初衷，就是企业的经营理念。只有始终不忘企业经营理念的员工，才可能谦虚，才可能与同事齐心协力。也只有这样，才能实现企业的使命。经常不忘初衷，又能谦虚学习的人，才是企业最需要的员工。

(2)**有责任意识的员工**。这就是说，处在某一职位、某一岗位的干部或员工，能自觉地意识到自己所担负的责任。有了自觉的责任意识之后，才会产生积极、圆满的工作效果。没有责任意识或不能承担责任的员工，不可能成为优秀的员工。

(3)**自动自发、没有任何借口的员工**。具有积极思想的人，在任何地方都能获得成功。那些消极、被动地对待工作，在工作中寻找种种借口的员工，是不会受到企业欢迎的。

(4)**爱护企业，和企业成为一体的员工**。除了睡觉，每个人有大半的时间在企业中度过，企业是自己的第二个家。优秀的员工，都具有企业意识，能和企业甘苦与共。

(5)**不自私而能为团体着想的员工**。应该明白，所有成绩的取得，都是团队共同努力的结果。只有把个人的实力充分地与团队形成合力，才具有价值和意义。团队精神是西点军校最重要的一种精神,在企业里也同样崇尚这一精神。

(6)随时随地都具备热忱的员工。人的热忱是成就一切的前提,事情的成功与否,往往是由做这件事情的决心和热忱的强弱而决定的。碰到问题,如果拥有非成功不可的决心和热忱,困难就会迎刃而解。

(7)不墨守成规而经常出新的员工。我相信,每一个企业都欢迎这样的员工,因为创造力和创新能力是企业发展的永恒动力。

(8)能做正确价值判断的员工。价值判断是包括多方面的。大而言之,有对人类的看法、对人生的看法,小到对公司经营理念的看法、对日常工作的看法。

(9)有自主经营能力的员工。如果一名员工只是照上面交代的去做事以换取薪水,这是不行的。每一个人都必须以预备成为老板的心态去做事。如果这样做了,在工作上一定会有种种新发现,其个人也会逐渐成长起来。

(10)能得体支使上司的员工。所谓支使上司,也就是提出自己对所负责工作的建议,并促使上司同意;或者对上司的指令等提出自己的看法,促使上司修正。如果一个企业里连这样一个支使上司做事的人都没有,企业的发展就成问题;如果有10个能真正支使上司的人,那企业就有光明的发展前途;如果有100个人能支使上司,那企业的发展会更加辉煌。

(11)有气概担当企业经营重任的员工。这种气概就是自信、毅力和责任心的体现,这种气概会给企业带来不可估量的价值。

做最优秀的员工

*

西点军校告诉我们,最好的执行者,都是自动自发的人,他们确信自己有能力完成任务。这样的人的个人价值和自尊是发自内心的,而不是来自他人。也就是说,他们不是凭一时冲动做事,也不是只为了长官的称赞,而是自动自发地、不断地追求完美。

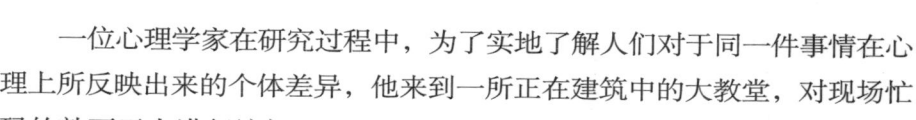

一位心理学家在研究过程中，为了实地了解人们对于同一件事情在心理上所反映出来的个体差异，他来到一所正在建筑中的大教堂，对现场忙碌的敲石工人进行访问。

心理学家问他遇到的第一位工人："请问你在做什么？"

工人没好气地回答："在做什么？你没看到吗？我正在用这个重得要命的铁锤，来敲碎这些该死的石头。而这些石头又特别硬，害得我的手酸麻不已，这真不是人干的工作。"

心理学家又找到第二位工人："请问你在做什么？"

第二位工人无奈地答道："为了每天500美元的工资，我才会做这项工作，若不是为了一家人的温饱，谁愿意干这份敲石头的粗活？"

心理学家问第三位工人："请问你在做什么？"

第三位工人眼光中闪烁着喜悦的神采："我正参与兴建这座雄伟华丽的大教堂。落成之后，这里可以容纳许多人来做礼拜。虽然敲石头的工作并不轻松，但当我想到，将来会有无数的人来到这儿，再次接受上帝的爱，心中便常为这份工作献上感恩。"

同样的工作，同样的环境，却有如此截然不同的感受。

第一种工人，是完全无可救药的人。可以设想，在不久的将来，他将不会得到任何工作的眷顾，甚至可能是生活的弃儿。

第二种工人，是没有责任和荣誉感的人。对他们抱有任何指望肯定是徒劳的，他们抱着为薪水而工作的态度，为了工作而工作。他们肯定不是企业可依靠和老板可依赖的员工。

该用什么语言赞美第三种工人呢？在他们身上，看不到丝毫抱怨和不耐烦的痕迹，相反，他们是具有高度责任感和创造力的人，他们充分享受着工作的乐趣和荣誉，同时，因为他们的努力工作，工作也带给了他们足够的荣誉。他们就是我们想要的那种员工，他们是最优秀的员工。

所有西点军校的毕业生都在西点军校接受过这样的教育。西点军校告诉学员们，最好的执行者，都是自动自发的人，他们确信自己有能力完成任务。这样的人的个人价值和自尊是发自内心的，而非来自他人。自入学开始，西点军校就通过各种方式让新生明白，他们不会常因为完成了任务而得到长官的称赞、拍肩膀。由此，他们学会了重要的一课：自我奖励。

No Excuse !

西点军校鼓励学员自我奖励，它提供各种环境和经验，让学员学习从良好的表现中获得内心的满足与成就感。也就是说，他们不是凭一时冲动做事，也不是只为了长官的称赞，而是自动自发地、不断地追求完美。

西点军校让学员明白，快乐就是最好的奖励。通过4年的西点军校生活，学员们学会了在任何时候建立起自己内心的标准与满足感。是否成功地完成了一项任务，自己心里最清楚。

第三种工人，完美地体现了西点军校的哲学：自动自发，自我奖励，视工作为快乐。这样的工作哲学，是每一个企业都乐于接受和推广的。持有这种工作哲学的员工，就是每一个企业所追求和寻找的员工。他所在的企业、他的工作，也会给他最大的回报。

或许在过去的岁月里，有的人时常怀有类似第一种或第二种工人的消极看法，每天常常谩骂、批评、抱怨、四处发牢骚，对自己的工作没有丝毫激情，在生活的无奈和无尽的抱怨中平凡地生活着。

不论您过去对工作的态度究竟如何，都并不重要，毕竟那已经过去了，重要的是，从现在起，您未来的态度将如何？

让我们像第三种工人那样，做最优秀的员工吧，并时常怀抱着一颗感恩的心！

全力以赴

*

不要只知道抱怨老板，却不反省自己。如果我们不是仅仅把工作当成一份获得薪水的职业，而是把工作当成是用生命去做的事，自动自发，全力以赴，我们就可能获得自己所期望的成功。

*

大部分年轻人，好像不知道职位的晋升，是建立在忠实履行日常工作职责的基础上的，只有全力以赴、尽职尽责地做好目前所做的工作，才能使自己渐渐地获得价值的提升。相反，许多人在寻找自我发展机会时，常

No Excuse！

常这样问自己："做这种平凡乏味的工作，有什么希望呢？"

可是，就是在极其平凡的职业中、极其低微的岗位上，往往蕴藏着巨大的机会。只要把自己的工作做得比别人更完美、更迅速、更正确、更专注，调动自己全部的智力，全力以赴，从平凡的工作中找出新的工作方法来，才能引起别人的注意，自己也才会有发挥本领的机会，以满足心中的愿望。

杰克在国际贸易公司上班，他很不满意自己的工作，愤愤地对朋友说："我的老板一点也不把我放在眼里，改天我要对他拍桌子，然后辞职不干。"

"你对公司的业务完全弄清楚了吗？对于他们做国际贸易的窍门都搞懂了吗？"他的朋友反问。

"没有！"

"君子报仇十年不晚，我建议你好好地把公司的贸易技巧、商业文书和公司运营完全搞懂，甚至如何修理复印机的小故障都学会，然后辞职不干。"朋友说，"你用他们的公司，做免费学习的地方，什么东西都会了之后，再一走了之，不是既有收获又出了气吗？"

杰克听从了朋友的建议，从此便默记偷学，下班之后，也留在办公室研究商业文书。

一年后，朋友问他："你现在许多东西都学会了，可以准备拍桌子不干了吧？"

"可是我发现近半年来，老板对我刮目相看，最近更是不断委以重任，又升官、又加薪，我现在是公司的红人了！"

"这是我早就料到的！"他的朋友笑着说，"当初老板不重视你，是因为你的能力不足，却又不努力学习；而后你痛下苦功，能力不断提高，老板当然会对你刮目相看。"

不要只知道抱怨老板，却不反省自己。如果我们不是仅仅把工作当成一份获得薪水的职业，而是把工作当成是用生命去做的事，自动自发，全力以赴，我们就可能获得自己所期望的成功。成功者和失败者的分水岭在于成功者无论做什么，都力求达到最佳境地，丝毫不会放松；成功者无论做什么职业，都不会轻率疏忽。

许多年轻人之所以失败，就是败在做事轻率这一点上。这些人对于自

No Excuse!

己所做的工作从来不会做到尽善尽美。

休斯·查姆斯在担任"国家收银机公司"销售经理期间曾面临着一种最为尴尬的情况：该公司的财政发生了困难。这件事被在外头负责推销的销售人员知道了，并因此失去了工作的热忱，销售量开始下跌。到后来，情况更为严重，销售部门不得不召集全体销售员开一次大会，全美各地的销售员皆被召去参加这次会议。休斯·查姆斯先生主持了这次会议。

首先，他请手下最佳的几名销售员站起来，要他们说明销售量为何会下跌。这些被唤到名字的销售员一一站起来以后，每个人都有一段最令人震惊的悲惨故事要向大家倾诉：商业不景气，资金缺少，人们都希望等到总统大选揭晓以后再买东西等等。

当第五名销售员开始列举使他无法完成销售配额的种种困难时，休斯·查姆斯先生突然跳到一张桌子上，高举双手，要求大家肃静。然后，他说道："停止，我命令大会暂停10分钟，让我把我的皮鞋擦亮。"

然后，他命令坐在附近的一名黑人小工友把擦鞋工具箱拿来，并要求这名工友把他的皮鞋擦亮，而他就站在桌子上不动。

在场的销售员都惊呆了。他们有些人以为休斯·查姆斯先生发疯了，人们开始窃窃私语。在这时，那个黑人小工友先擦亮休斯·查姆斯的第一只鞋子，然后又擦另一只鞋子，那个黑人小工友不慌不忙地擦着，表现出第一流的擦鞋技巧。

皮鞋擦亮之后，休斯·查姆斯先生给了小工友一毛钱，然后发表他的演说。

他说："我希望你们每个人，好好看看这个小工友。他拥有在我们整个工厂及办公室内擦鞋的特权。他的前任是个白人小男孩，年纪比他大得多。尽管公司每周补贴他5元的薪水，而且工厂里有数千名员工，但他仍然无法从这个公司赚取足以维持他生活的费用。"

"这个黑人小男孩不仅可以赚到相当不错的收入，既不需要公司补贴薪水，每周还可以存下一点钱来，而他和他的前任的工作环境完全相同，也在同一家工厂内，工作的对象也完全相同。"

"现在我问你们一个问题，那个白人小男孩拉不到更多的生意，是谁的错？是他的错还是顾客的错？"

那些推销员不约而同地大声说：

No Excuse !

"当然了，是那个小男孩的错。"

"正是如此。"休斯·查姆斯回答说，"现在我要告诉你们，你们现在推销收银机和一年前的情况完全相同：同样的地区、同样的对象以及同样的商业条件。但是，你们的销售成绩却比不上一年前。这是谁的错？是你们的错，还是顾客的错？"

同样又传来如雷般的回答：

"当然，是我们的错！"

"我很高兴，你们能坦率承认自己的错。"休斯·查姆斯继续说："我现在要告诉你们。你们的错误在于，你们听到了有关本公司财务发生困难的谣言，这影响了你们的工作热忱，因此，你们就不像以前那般努力了。只要你们回到自己的销售地区，并保证在以后30天内，每人卖出5台收银机，那么，本公司就不会再发生什么财务危机了。你们愿意这样做吗？"

大家都说"愿意"，后来果然办到了。那些他们曾强调的种种借口：商业不景气，资金缺少，人们都希望等到总统大选揭晓以后再买东西等等，仿佛根本不存在似的，统统消失了。

你工作的质量往往会决定你生活的质量。在企业里随处可见这样的人，他们的目标只是想过一天算一天，他们不断地抱怨自己的环境，就像是一块浮木，在人生之海上随波逐流，能找到怎样的工作，便担任怎样的职务，而且做事情能省力就省力。他们最高兴的是午餐时间、发薪日以及5点钟下班的时候。他们混过一天，回到家，一边喝啤酒一边看电视。难道这就是一切吗？在工作中应该严格要求自己，能做到最好，就不能允许自己只做到一般；能完成100%，就不能只完成99%。不论你的工资是高还是低，你都应该保持这种良好的工作作风。每个人都应该把自己看成是一名杰出的艺术家，而不是一个平庸的工匠，应该永远带着热情和信心去工作，应该全力以赴，不找任何借口。得过且过的人在任何一个组织都很难升到中层职位以上。

No Excuse！ 第五章 超越雇用关系

No Excuse !

工作是我们要用生命去做的事

*

　　工作不是我们为了谋生才做的事，而是我们要用生命去做的事。工作就是付出努力。没有卑微的工作，只有卑微的工作态度，而工作态度完全取决于我们自己。

*

　　你在这个世界中将找到什么样的工作？你的工作将是什么？从根本上说，这不是一个关于干什么事和得什么报酬的问题，而是一个关乎生命的问题。工作就是付出努力。正是为了成就什么或获得什么，我们才要专注，并在那个方面付出精力。从这个本质而言，工作不是我们为了谋生才做的事，而是我们要用生命去做的事。

　　工作是上天赋予的使命。把自己喜欢的并且乐在其中的事情当成使命来做，就能发掘出自己特有的能力。其中最重要的是能保持一种积极的心态，即使是辛苦枯燥的工作，也能从中感受到价值，在你完成使命的同时，会发现成功之芽正在萌发。

　　如果年轻的厨师想早日使自己的手艺精湛，仅仅想着"我要做美味的料理"就以为能实现心愿，那简直是天方夜谭！如果不只是"要做美味的料理"，而是要抱着"做美味的料理是上天赐予我的最完美的工作"的念头，料理的手艺就能进步了。为什么呢？因为如果这样想的话，做菜这件事就会变成一件愉快的事情了。

　　即使是拥有相同条件的经营者，一个抱着"个人利益最大化"思想的人与一个"工作是上天赋予的使命，完成使命关系着人类幸福"思想的人，两者所得到的结果将是完全不同的。如果能想着"工作是最完美的使命"或"完成这个工作是自己的使命"的话，就不会产生工作是公司委派的任务或因为上司的命令才行动这样的情绪。

　　做事的第一步是学会如何去做。事情可以做好，也可以做坏。可以高高兴兴和骄傲地做，也可以愁眉苦脸和厌恶地做。如何去做，这完全在于

No Excuse !

我们,这是一个选择的问题。以下这句话也许是古希腊罗马斯多亚学派的哲学家们提供给人类的最伟大的见解:没有卑微的工作,只有卑微的工作态度,而我们的工作态度完全取决于我们自己。

一个人的工作,是他亲手制成的雕像,是美丽还是丑恶,可爱还是可憎,都是由他一手造成的。而一个人的一举一动,无论是写一封信,出售一件货物,或是一个电话,都在说明雕像或美或丑,或可爱或可憎。

一个人所做的工作,就是他人生的部分表现。而一生的职业,就是他志向的表示、理想的所在。所以,了解一个人的工作,在某种程度上就是了解其本人。

如果一个人轻视他自己的工作,而且做得很粗陋,那么他决不会尊敬自己。如果一个人认为他的工作辛苦、烦闷,那么他的工作决不会做好,这一工作也无法发挥他内在的特长。在社会上,有许多人不尊重自己的工作,不把自己的工作看成干事业的要素和完善自身人格的工具,而视为衣食住行的必须,认为工作是生活的代价、是不可避免的劳碌,这是多么错误的观念啊!常常抱怨工作的人,终其一生,决不会有真正的成功。抱怨和推诿,其实是懦弱的自白。

工作就是付出努力实现自我的过程。最令人满意的工作就是在工作中我们能表现自己的才能和得到社会的认可。一个人对工作所持的态度,和他本人的个性、做事的才能有着密切的关系。要看一个人能否实现自己的人生理想,只要看他工作时的精神和态度就可以了。如果某人做事的时候,感到受了束缚,感到所做的工作劳碌辛苦,没有任何趣味可言,那么他决不会做出伟大的成就。

不论做何事,务必竭尽全力,是否具备这种精神可以决定一个人日后事业上的成功与否。一个人工作时,如果能以自强不息的精神、火焰般的工作热忱,充分发挥自己的特长,那么不论所做的工作怎样,都不会觉得辛苦。如果我们能以充分的热忱去做最平凡的工作,也能成为最精巧的工人;如果以冷淡的态度去做最高尚的工作,也不过是个平庸的工匠。倘若能处处以主动、努力的精神来工作,那么即使在最平凡的职业中,也能增加他的威望和财富。

不管你的工作看起来是怎样的卑微,你都应当以饱满的精神和十二分的工作热忱来对待。在任何情形之下,都不要厌恶自己从事的工作,厌恶

No Excuse !

自己的工作，最终也会遭到工作的厌恶。如果你为环境所迫而做一些乏味的工作，你也应当设法从这些乏味的工作中找出乐趣来。要懂得，凡是应当做而又必须做的事情，总能找出事情的乐趣，这是我们对于工作应抱的态度。有了这种态度，无论做什么工作，都能有很好的成效。

怀抱一颗感恩的心

*

一个人的成长，要感谢父母的恩情，感谢国家的恩惠，感谢师长的恩惠，感谢大众的恩惠。感恩不但是美德，而且是一个人之所以为人的基本条件！不要忘了感谢你周围的人、你的上司和同事。感谢给你提供机会的公司。你是否曾经想过，写一张字条给上司，告诉他你是多么热爱自己的工作，多么感谢工作中获得的机会。

*

为什么我们能够轻而易举地原谅一个陌生人的过失，却对自己的老板和上司耿耿于怀呢？为什么我们可以为一个陌生人的点滴帮助而感激不尽，却无视朝夕相处的老板的种种恩惠，将一切视之为理所当然？如果我们在工作中不是动辄就寻找借口来为自己开脱，而是能怀抱着一颗感恩的心，情况就会大不一样。

成功守则中有条黄金定律：待人如己。也就是凡事为他人着想，站在他人的立场上思考。"你是一名雇员时，应该多考虑老板的难处，给老板一些同情和理解；当自己成为一名老板时，则需要考虑雇员的利益，对他们多一些支持和鼓励。"

笔者曾经为他人工作，那时候笔者对这一黄金定律还不理解，认为老板太苛刻。现在笔者为自己工作，却觉得员工太懒惰，太缺乏主动性。其实，什么都没有改变，改变的只是看待问题的方式。

这条黄金定律不仅仅是一种道德法则，它还是一种动力，能推动整个工作环境的改善。当你试着待人如己，多替老板着想时，你身上就会散发

No Excuse !

出一种善意，影响和感染包括老板在内的周围的人。这种善意最终会回馈到你自己身上。如果今天你从老板那里得到一份同情和理解，很可能就是以前你在与人相处时遵守这条黄金定律所产生的连锁反应。

其实，经营管理一家公司或一个部门是项复杂的工作，会面临种种烦琐的问题。来自客户、来自公司内部的巨大压力，随时随地都会影响老板的情绪。要知道老板也是普通人，有自己的喜怒哀乐，有自己的缺陷。他之所以成为老板，并不是因为完美，而是因为有某种他人所不具备的天赋和才能。因此，首先我们需要用对待普通人的态度来对待老板。

许多人总是对自己的上司不理解，认为他们不近人情、苛刻，甚至认为可能会阻碍有抱负的人获得成功。不但对上司，对工作环境，还是对公司，对同事，总是有这样那样的不满意和不理解。

同情和宽容是一种美德，如果我们能设身处地为老板着想，怀抱一颗感恩的心，或许能重新赢得老板的欣赏和器重。退一步来说，如果我们能养成这样思考问题的习惯，最起码我们能够做到内心宽慰。

我们每一个人都获得过别人的帮助和支持，应该时刻感谢这些帮助你的人，感谢上天的眷顾。

一个人的成长，要感谢父母的恩情，感谢国家的恩惠，感谢师长的恩惠，感谢大众的恩惠。没有父母养育，没有师长教诲，没有国家爱护，没有大众助益，我们何能存于天地之间？所以，感恩不但是美德，感恩还是一个人之所以为人的基本条件！

今日的一些年轻人，自从来到尘世间，都是受父母的呵护，受师长的指导。他们对世界未有一丝贡献，却牢骚满怀，抱怨不已，看这不对，看那不好，视恩义如草芥，只知仰承天地的甘露之恩，不知道回馈，由此足见内心的贫乏。

现在一些中年人，虽有国家的栽培，上司的提携，自己尚未能发挥所长，贡献于社会，却也不满现实，诸多委屈，好像别人都对不起他，愤愤不平。因此，在家庭里，难以成为善良的家长；在社会上，难以成为称职的员工。

羔羊跪乳，乌鸦反哺，动物尚且感恩，何况我们作为万物之灵长的人类呢？我们从家庭到学校，从学校到社会，重要的是要有感恩之心。

感恩已经成为一种普遍的社会道德。将一切视为理所当然，视为纯粹

No Excuse！

的商业交换关系，这是许多公司员工之间矛盾紧张的原因之一。的确，雇用和被雇用是一种契约关系，但是在这种契约关系背后，难道就没有一点同情和感恩的成分吗？上司和员工之间并非是对立的，从商业的角度，也许是一种合作共赢的关系；从情感的角度，也许有一份亲情和友谊。

你是否曾经想过，写一张字条给上司，告诉他你是多么热爱自己的工作，多么感谢工作中获得的机会。这种深具创意的感谢方式，一定会让他注意到你，甚至可能提拔你。感恩是会传染的，老板也同样会以具体的方式来表达他的谢意，感谢你所提供的服务。

不要忘了感谢你周围的人、你的上司和同事，感谢给你提供机会的公司。因为他们了解你、支持你。大声说出你的感谢，让他们知道你感激他们的信任和帮助。请注意，一定要说出来，并且要经常说！这样可以增强公司的凝聚力。

永远都需要感谢。推销员遭到拒绝时，应该感谢顾客耐心听完自己的解说，这样才有下一次惠顾的机会！上司批评你时，应该感谢他给予的种种教诲。感恩不花一分钱，却是一项重大的投资，对于未来极有助益！

真正的感恩应该是真诚的，发自内心的感激，而不是为了某种目的，迎合他人而表现出的虚情假意。与溜须拍马不同，感恩是自然的情感流露，是不求回报的。一些人从内心深处感激自己的上司，但是由于惧怕流言蜚语，而将感激之情隐藏在心中，甚至刻意地疏远上司，以表自己的清白。这种想法是何等幼稚啊！

感恩并不仅仅有利于公司和老板，对于个人来说，感恩是丰富的人生。它是一种深刻的感受，能够增强个人魅力，开启神奇的力量之门，发掘出无穷智能。感恩也像其他受人欢迎的特质一样，是一种习惯和态度。

感恩和慈悲是近亲。时常怀有感恩的心，你会变得更谦和、可敬且高尚。每天都用几分钟时间，为自己能有幸成为公司的一员而感恩，为自己能遇到这样一位老板而感恩。

"谢谢你"，"我很感激你"，这些话应该经常挂在嘴边。以特别的方式表达你的感谢之意，付出你的时间和心力，为公司更加勤奋地工作，比物质的礼物更可贵。

当你的努力和感恩并没有得到相应的回报，当你准备辞职调换一份工作时，同样也要心怀感激之情。每一份工作、每一个老板都不是尽善尽美

No Excuse !

的。在辞职前仔细想一想，自己曾经从事过的每一份工作，多少都存在着一些宝贵的经验与资源。失败的沮丧、自我成长的喜悦、严厉的上司、亲切的工作伙伴、值得感谢的客户……这些都是人生中值得学习的经验。如果你每天能带着一颗感恩的心去工作，相信工作时的心情自然是愉快而积极的。

带着热情去工作

*

热情，就是一个人保持高度的自觉，就是把全身的每一个细胞都调动起来，完成他内心渴望完成的工作。所有的人都具备工作的热情，只不过有的人习惯于将热情深深地埋藏起来。带着热情去工作吧！

一名没有热情的员工不可能始终如一地高质量地完成自己的工作，更别说做出创造性的业绩了。

*

热情，就是一个人保持高度的自觉，就是把全身的每一个细胞都调动起来，完成他内心渴望完成的工作。热情是一种强劲的激动情绪，一种对人、事、物和信仰的强烈情感。热情的发泄可以产生善、恶两种截然不同的力量。历史上有许多依靠个人热情改变现实的事迹。每一个爱情故事、历史巨变——不论是社会、经济、哲学或是艺术，都因有热情的个人参与才得以进行。

拿破仑发动一场战役只需要两周的准备时间，换成别人那会需要一年。这中间所以会有这样的差别，正是因为他那无与伦比的热情。战败的奥地利人在目瞪口呆之余，也不得不称赞这些跨越了阿尔卑斯山的对手："他们不是人，是会飞行的动物。"

拿破仑在第一次远征意大利的行动中，只用了15天时间就打了6场胜仗，缴获了21面军旗，55门大炮，俘虏15 000人。

在拿破仑这次辉煌的胜利之后，一位奥地利将领愤愤地说："这个年

No Excuse！

轻的指挥官对战争艺术简直一窍不通，用兵完全不合兵法，他什么都做得出来。"但拿破仑的士兵也正是以这么一种根本不知道失败为何物的热情跟随着他们的长官，从一个胜利走向另一个胜利。

我们敬佩拿破仑，但我们更应该赞美拿破仑手下那些具有无比热情的士兵，他们才是最伟大的人。

一旦缺乏热情，军队无法克敌制胜；一旦缺乏热情，人类不会创造出震撼人心的音乐，不会建造出富丽堂皇的宫殿，不能征服自然界各种强悍的力量，不能用诗歌去打动心灵，不能用无私崇高的奉献去感动这个世界；如果缺乏热情，你即使有多么美好的愿望，也无法变为现实。也正是因为热情，伽利略才举起了他的望远镜，最终让整个世界都为之信服；哥伦布才克服了艰难险阻，领略了巴哈马群岛美丽的晨曦。凭借着热情，自由才获得了胜利；凭借着热情，弥尔顿、莎士比亚才在纸上写下了他们不朽的诗篇。

有人问笔者，是不是所有的人都具备工作热情。绝对正确，每一个人都有，也许隐藏在恐惧之后，可是总在那儿。热情是实现愿望最有效的工作方式。如果你能够让人们相信，你的愿望确实是你自己想要实现的目标，那么即使你有很多缺点别人也会原谅你。只有那些对自己的愿望有真正热情的人，才有可能把自己的愿望变成美好的现实。

人是很奇妙的，笔者相信人能创造奇迹。多年来笔者看过许多人都能有意识地创造人生，而不是漫无目的地度过一生。又有多少次，那些最初觉得自己不可能把握自己、施展力量的人，最后却都能扭转乾坤。

每个人内心都有热情，能感受强烈的情绪，可是没有几个人能依此情感行动，他们习惯于将热情深深地埋藏起来。

曾经有一次，有三个人做了一个小游戏，同时在纸片上把他们曾经见过的性格最好的朋友的名字写下来，还要解释为什么选这个人。结果公布后，第一个人解释了他为什么会选择他所写下的那个人："每次他走进房间，给人的感觉都是容光焕发，好像生活又焕然一新。他热情活泼，乐观开朗，总是非常振奋人心。"

第二个人也解释了他的理由："他不管在什么场合，做什么事情，都是尽其所能、全力以赴。"

第三个人说："他对一切事情都尽心尽力。"

> **No Excuse !**

这三个人是美国几家大刊物的记者,他们见多识广,几乎踏遍了世界的每一个角落,结交过各种各样的朋友。他们互相看了对方纸片上的名字之后,发现他们竟然不约而同地写上了澳大利亚墨尔本一位著名律师的名字,这正是因为这位律师拥有无以伦比的热情。

对待工作没有任何借口,就必须具有足够的热情。带着热情去工作吧!一名没有热情的员工不可能始终如一地高质量地完成自己的工作,更别说做出创造性的业绩了。

选择激情,选择完美

*

> 每个人都应该珍惜自己的自由、选择和责任,并能在自由的选择和责任的担当中展现自己的力量和智慧,收获自己创造的欢乐。把工作与快乐联结起来,选择激情,就是选择完美。

*

一位在海军服役的朋友讲过这样一件事。当年他在一艘驱逐舰上服役,有一次他所在的舰艇与另两艘舰艇一起训练。碰巧的是,这三艘舰艇出自同一个造船厂、来自同一份设计图纸,在六个月的时间里先后被配备到同一个战斗群中。派到这三艘舰艇上的人员也基本相同,船员们经过同样的训练课程,并从同一个后勤系统中获得补给和维修服务。然而,在训练中三艘舰艇的表现却迥然不同。

其中的一艘似乎永远也不能正常工作,它无法按照操作安排进行训练,在训练中表现很差劲,船很脏,水手的制服看上去皱巴巴的,整艘舰艇弥漫着一种缺乏自信的气氛。另一艘舰艇也不断出现一些大的毛病,表现平平。只有他所在的舰艇没有出现大的事故,在训练和检查中表现出色,而且,最重要的是,每次任务都完成得非常完满,船员们信心十足,斗志昂扬。

笔者对这个故事很感兴趣,很想知道是什么原因造成这三艘舰艇有如

No Excuse !

此不同的表现。笔者的海军朋友告诉我说：因为舰艇上的指挥官和船员们的责任状况不同。他所在的舰艇是由责任感强的管理者领导的，而其他两艘不是。

他所在舰艇的舰长是个善于调动每名水兵责任的激情的头儿，他总能找到一些办法让每名水兵时刻意识到自己的职责，并对自己的职责保持旺盛的激情，尤其是他从不将自己的责任推卸到下级，是自己的问题就自己承担，是别人的问题就帮别人解决，同时提醒他意识到自己的责任。整艘舰艇充满了各尽其职、上下互动的激情，从而使舰艇保持了最佳的工作状态。而另外两艘舰艇的头儿不仅不重视调动大家的责任激情，反而遇事就急于找借口："发动机出毛病了！"或者"我们不能从供应中心得到需要的零件。"上级如此，下级仿效，导致了整艘舰艇被一种不负责任的情绪笼罩着，以致问题百出。

这个故事让笔者想起了另一件事。在笔者认识的企业家中，最令笔者钦佩的不是那些巨型企业的掌门人，而是一位名不见经传的企业家。从创业伊始，他就从来不对员工做冗长的说教，规定的制度也是能简则简。每天早晨上班后的必修课就是与员工一起跳欢快的集体舞，朗读励志经典，然后与每个人相互击掌，说一声"你是最棒的！"经过这样简短的"早课"，每个人脸上都洋溢出热情的笑容。无论你上班前有多少烦恼，一踏入公司就会被这快乐的氛围所感染，进入轻松愉快的工作状态。对员工而言，这个公司有着难以言喻的魔力。优美的音乐，轻松的谈笑，平时热情的鼓励，生日温馨的祝福，这一切都把工作与好心情联系在一起。甚至连"惩罚"都富有人情味——如规定谁若上班迟到十分钟以上，就请他拿出十元钱买糖果给大家吃。这样"松散"管理的结果却是员工极少迟到，反而为工作自觉自愿地加班加点。当然，他领导的公司经过几年快速的成长，早已经可以傲视同侪了。

把工作与快乐联结起来，选择激情，选择完美，是尽职尽责的激情让他们显得与众不同。因此，一名出色的管理者自己并不一定是全能的，但只要他能调动下级的责任激情，他就是全能的。同样，一名负责的管理者不仅是一个让自己具有责任激情的人，也是一个善于调动下级的责任激情的人。

有这样一个古老的故事。有一天，两个孩子设计了一个圈套，想挑战

No Excuse !

一位智慧老人。他们抓到了一只小鸟，来到老人面前。一个孩子把小鸟捂在自己的手里对老人说："智慧老人，你能不能告诉我，我手里的这只小鸟是活的还是死的？"老人默默地凝视着两个孩子，然后说："如果我告诉你，你手里的鸟是活的，你就会捏死它，如果我说这只鸟是死的，你就会放开手，让它自由地飞走。孩子，你的手现在掌握着能决定生死的权力。你可以选择毁灭它、结束它的生命和这个生命的歌唱，你也可以选择给这只鸟自由，这样它就会有自己的未来，发挥自己的所有潜力。你当然会明智地在生和死之间做出选择。如果你让我的回答来决定这只鸟的命运，你就会失去本来属于你的权力，同时你也就放弃了去做出正确选择的责任，放弃了展现自己的力量和智慧时的欢乐。"

两个孩子满意地回到了山下，他们变得更聪明了。这位老人尊重这两个孩子挑战权威的愿望，也尊重他们对自己的智慧和能力的测试，但老人也洞察到在这两个孩子反叛的行为下面有着放弃自我责任的潜在心理，因此，他有意不配合孩子的提问，这样就唤起了他们的自我责任感，有助于他们的成长。

在这位老人的做法中，我们一定会获得很多的启示，应该让员工珍惜自己的自由、选择和责任，也让他们能在自由的选择和责任的担当中展现自己的力量和智慧，并收获自己创造的欢乐。而现代企业的员工也应该从这两个孩子的行为中，得到一些有益的启示：我们是否能在上级的启发中体察到我们的自由、选择和责任，能否将理性的工作变为一种激情生活？

自动自发地工作

*

我们常常认为只要准时上班，按点下班，不迟到，不早退就是完成工作了，就可以心安理得地去领工资了。其实，工作首先是一个态度问题，工作需要热情和行动，工作需要努力和勤奋，工作需要一种积极主动、自动自发的精神。自动自发工作的员工，将获得工作所给予的更多的奖赏。

No Excuse！

坦诚地说，我们所看到的许多年轻人，大多数是茫然的。他们每天在茫然中上班、下班，到了固定的日子领回自己的薪水，高兴一番或者抱怨一番之后，仍然茫然地去上班、下班……他们从不思索关于工作的问题：什么是工作？工作是为什么？可以想象，这样的年轻人，他们只是被动地应付工作，为了工作而工作，他们不可能在工作中投入自己全部的热情和智慧。他们只是在机械地完成任务，而不是去创造性地、自动自发地工作。

我们没有想到，我们固然是踩着时间的尾巴准时上下班的，可是，我们的工作很可能是死气沉沉的、被动的。当我们的工作依然被无意识所支配的时候，很难说我们对工作的热情、智慧、信仰、创造力被最大限度地激发出来了，也很难说我们的工作是卓有成效的。我们只不过是在"过日子"或者"混日子"罢了！

其实，工作是一个包含了诸多智慧、热情、信仰、想象和创造力的词语。卓有成效和积极主动的人，他们总是在工作中付出双倍甚至更多的智慧、热情、信仰、想象和创造力，而失败者和消极被动的人，却将这些深深地埋藏起来，他们有的只是逃避、指责和抱怨。

工作首先是一个态度问题，是一种发自肺腑的爱，一种对工作的真爱。工作需要热情和行动，工作需要努力和勤奋，工作需要一种积极主动、自动自发的精神。只有以这样的态度对待工作，我们才可能获得工作所给予的更多的奖赏。

应该明白，那些每天早出晚归的人不一定是认真工作的人，那些每天忙忙碌碌的人不一定是出色地完成了工作的人，那些每天按时打卡、准时出现在办公室的人不一定是尽职尽责的人。对他们来说，每天的工作可能是一种负担、一种逃避，他们并没有做到工作所要求的那么多、那么好。对每一个企业和老板而言，他们需要的决不是那种仅仅遵守纪律、循规蹈矩，却缺乏热情和责任感，不能够积极主动、自动自发工作的员工。

成功取决于态度，成功也是一个长期努力积累的过程，没有谁是一夜成名的。所谓的主动，指的是随时准备把握机会，展现超乎他人要求的工作表现，以及拥有"为了完成任务，必要时不惜打破常规"的智慧和判断力。知道自己工作的意义和责任，并永远保持一种自动自发的工作态度，

No Excuse !

为自己的行为负责，是那些成就大业之人和凡事得过且过之人的最根本区别。

明白了这个道理，并以这样的眼光来重新审视我们的工作，工作就不再成为一种负担，即使是最平凡的工作也会变得意义非凡。在各种各样的工作中，当我们发现那些需要做的事情——哪怕并不是分内的事的时候，也就意味着我们发现了超越他人的机会。因为在自动自发地工作的背后，需要你付出的是比别人多得多的智慧、热情、责任、想象和创造力。

努力工作，优劣自有评说

*

我们常常喜欢从外部环境来为自己寻找理由和借口，不是抱怨职位、待遇、工作的环境，就是抱怨同事、上司或老板，而很少问问自己：我努力了吗？我真的对得起这份工作吗？对努力工作的人，工作会给予他意想不到的奖赏。

*

不管你的工作与你的预期有多么大的差距，或者是你的工作有多么的无聊、单调和乏味，我们能做的只能是努力工作。这一点对于刚走上社会的年轻人尤为重要。职业生涯规划专家的建议是，"如果的确是没什么意义的工作，尽管无聊，也不可一味抱怨，请想些把工作变得更有趣的方法。一项工作是否无聊或有趣，是由你怎么想、怎么去完成而决定的。"

对工作永远保持乐观的态度，这也是每个人应具有的人生态度。著名主持人弗兰克先生的经历能给我们许多有益的启示。

弗兰克原本是电视台的记者，十多年过去了，一直没有发达的机会，职位和薪水也不是很理想。弗兰克自己觉得，尽管努力工作了，但公司却总是给予他最低的评价。生气的弗兰克经过一番考虑后，很想提出辞呈一走了之。在做出最后决定之前，他向职业生涯规划专家征求意见。

专家告诉他说："造成现在这种情况，你思考过是什么原因吗？你尝

No Excuse！

试过去了解你的工作、喜爱你的工作吗？你是否真正努力工作过？如果仅仅是因为对现在的工作职位或薪水感到不满而辞去工作，你也不会有更好的选择。稍微忍耐一点，转变你的工作态度，试着从现在的工作中找到价值和乐趣，也许你会有意外的发现和收获。当你真正努力过了，到那时候再考虑辞职也不晚。"

弗兰克听从了专家的建议，他重新审视了他过去的工作经历，并试着多一些乐观的想法，于是找到了以前绝对无法体会的"乐趣"，了解到他的工作性质是可以认识很多人，也能交到很多的朋友的。自那之后，弗兰克广交朋友，于是在不知不觉中，对公司的不平、不满的情绪消失了。不仅如此，数年后弗兰克在公司内得到的评价是——"擅长建立人际关系的弗兰克"。

很快，弗兰克不但获得提升，他本人也成为美国著名的节目主持人。

我们常常喜欢从外部环境为自己寻找理由和借口，不是抱怨职位、待遇、工作的环境，就是抱怨同事、上司或老板，而很少问问自己：我努力了吗？我真的对得起这份工作吗？要知道，抱怨的越多，失去的也越多，借口只会让你一事无成。

琳达是一名西点军校学员的妹妹，她大学毕业后，进入了向往已久的报社当记者。虽然说是记者，却没有被指派去进行采访等工作，而是每天做一些整理别人的采访录音带之类的小事情。

做这样无聊的工作是她以前所没有料到的，而日益不满的她，甚至萌生出辞职的念头。在西点军校毕业的哥哥给了她这样的建议："你是幸运的，你正在接近你最喜欢的工作。如果你觉得现在的工作无聊的话，那只是你的借口，说明你并没有努力工作。你可以试着学习如何快速听写录音带，试着成为快速记录的高手。将来一定会派上用场的。因为听写一个小时的录音带，往往要耗掉大量的时间，但如果精通速记的话，只要花费和录音带相同的时间就可以完成了，不但合理也省时。"

于是，琳达每个周末都去文化学院学习速记。她精通了速记后，变得能够自如地进行录音带的速记工作。6年以后，她以"录音带速记高手"的身份闻名业界，因其速记的"更快速、更便宜、更正确"，即使在经济不景气的时候，工作也从没间断过。

因为态度的不同，同样的工作，会干出不一样的效果；而干同样工作的人，也会有不同的体验和收获。

艾伦大学毕业后被分到英国大使馆做接线员。做一个小小的接线员，是很多人觉着很没出息的工作，艾伦却在这个普通岗位上做出了成绩。她将使馆所有人的名字、电话、工作范围甚至他们的家属的名字都背得滚瓜烂熟。有些电话打进来，有时不知道该找谁，她就会多问问，尽量帮打来电话的人准确地找到人。慢慢地，使馆人员有事要外出，并不是告诉他们的翻译，而是给艾伦打电话，告诉她会有谁来电话，请转告哪些事，有很多公事、私事也委托她通知，艾伦逐渐成了大使馆的留言中心秘书。

有一天，大使竟然跑到电话间，笑眯眯地表扬她，这是破天荒的事。结果没多久，她就因工作出色而被破格调去英国某大报记者处做翻译。

该报的首席记者是个名气很大的老太太，得过战地勋章，被授过勋爵，本事大，脾气也大，她把前任翻译给赶跑后，刚开始也不要艾伦，后来才勉强同意一试。一年后，工作出色的艾伦被破格升调到外交部，她干得又同样出色，之后获外交部嘉奖……

对努力工作的人，工作会给予他意想不到的奖赏。总是做的比应该做的更多，你就会出人头地，这是成功者与穷其一生只能服从别人的人们之间的全部差距。

更好更强更完善

*

在我们的职业生涯中，我们经常面临竞争的压力和被淘汰的危险，个人如此，公司也一样，因此，只有不断地强化自己，才有一个安全并持续上升的未来。更好、更强、更完善，把自己的发展与企业的成长结合起来，在工作中与企业一起享受成长的快乐。

*

积极进取的激情不仅是战胜外在困难的动力，也是自我完善的动力。一名企业员工要做好自己的工作，并在飞速发展的技术更新和职业竞争中

No Excuse!

立于不败之地，他就要不断地自我充电，自我更新。

有这样一则寓言。有一天，龙虾与寄居蟹在深海中相遇，寄居蟹看见龙虾正把自己的硬壳脱掉，露出娇嫩的身躯。寄居蟹非常紧张地说："龙虾，你怎么可以把唯一能够保护自己身躯的硬壳也放弃呢？难道你不怕有大鱼一口把你吃掉吗？以你现在的情况来看，连急流也会把你冲向岩石，到时你不死才怪呢！"

龙虾气定神闲地回答："谢谢你的关心，但是你不了解，我们龙虾每次成长，都必须先脱掉旧壳，才能生长出更坚固的外壳，现在面对的危险，只是为了将来发展得更好而做的准备。"

寄居蟹细心思量，自己整天只找可以避居的地方，而没有想过如何令自己成长得更强壮，整天只活在别人的保护之下，永远都限制了自己的发展。

显然，我们不能像寄居蟹那样，只安于现状，而看不到潜在的危机。还有一则寓言，对我们也很有启发。一只野狼卧在草上勤奋地磨牙，狐狸看到了，就对它说："天气这么好，大家在休息娱乐，你也加入我们的队伍吧！"

野狼没有说话，继续磨牙，把它的牙齿磨得又尖又利。狐狸奇怪地问道："森林这么静，猎人和猎狗已经回家了，老虎也不在近处徘徊，又没有任何危险，你何必那么用劲磨牙呢？"

野狼停下来回答说："我磨牙并不是为了娱乐，你想想，如果有一天我被猎人或老虎追逐，到那时，我想磨牙也来不及了。平时我把牙磨好，到那时就可以保护自己了。"

军人们经常说："平时多流汗，战时少流血。"讲的也是这个道理。这个简单的道理好像我们人人都明白，但真正要做到是不容易的。在我们的职业生涯中，我们经常面临竞争的压力和被淘汰的危险，个人如此，公司也一样，因此，只有不断地强化自己，才有一个安全并持续上升的未来。

我们都知道诺基亚是世界上最大的手机生产商之一，但我们不一定知道这个公司是如何起家并发展起来的。一个世纪前创建的诺基亚是一个小型造纸厂。开始几年，公司的处境很艰难，经过几十年的发展在20世纪中期出现过短暂的辉煌。到20世纪中期，公司产品主要分四个部分：木材、橡胶、缆线和电子产品。在接下来的20年里，诺基亚走过了一段困难时

No Excuse!

期。这个有百年历史的公司臃肿庞大、连连亏损,公司管理层明白公司亟待改善。

为扭转利润下滑,一个在诺基亚只有五年经历的年轻行政人员接管了不赢利的手机分部,这个人就是乔纳·奥利拉。由于工作很有成效,很快他就被任命为诺基亚总裁和首席执行官。这之后,乔纳·奥利拉对诺基亚进行了全面改造,除了全力发展最有潜力的核心领域外,乔纳·奥利拉将大量的精力放在了公司的人力资源培训上。乔纳·奥利拉说:"今天公司的主要挑战是如何自我更新。我们必须依靠我们人力资源上的优势,而要保持我们人力资源上的优势,就必须不断充实自我,使每个诺基亚人都有发展自己的机会,有改善工作的机会。"乔纳·奥利拉本人虽已获得三个硕士学位——政治学、经济学、机械工程,但他还是坚持以身作则地"学习、学习、再学习"。

乔纳·奥利拉经常用这样一个故事来教育他的员工。在美国东部一所大学期终考试的最后一天,一群工程学高年级的学生将完成他们最后的测验,主考的教授说他们可以带书和笔记,但不能在测验的时候交头接耳。他们兴高采烈地冲进教室。教授把试卷分发下去。当学生们注意到只有五道评论类型的问题时,脸上的笑容更加灿烂了。

三个小时过去了,教授开始收试卷。学生们看起来不再那么自信了,他们的脸上出现了焦虑。没有一个人说话,教授手里拿着试卷,面对着整个班级。他俯视着眼前那一张张焦急的面孔,然后问道:"完成五道题的有多少人?"没有一只手举起来。

"完成四道题的有多少?"仍然没有人举手。

"三道题?两道题?"学生们开始有些不安,在座位上扭来扭去。

"一道题呢?当然有人完成一道题的。"但是整个教室仍然很沉默。

教授放下试卷,"这正是我期望得到的结果。"他说,"我只想给你们留下一个深刻的印象,即使你们已经完成了四年的工程学习,关于这项科目仍然有很多东西你们还不知道。这些你们不能回答的问题是与每天的普通生活实践相联系的。"然后他微笑着补充道,"你们都会通过这个课程,但是记住——即使你们现在已是大学毕业生了,你们的教育仍然还只是刚刚开始。"

没有任何借口
（II）

No Excuse !

No Excuse !

序 言

工作，绝不找借口

这是一个弱肉强食且优胜劣汰的时代，这是一个以竞争决定生存的时代。任何一家企业只要跟不上市场，跟不上时代前进的步伐与节奏，就会在残酷的竞争中被淘汰掉。

企业如此，企业的员工也是如此。谁适应不了游戏规则，谁跟不上节奏，谁进入不了状态，谁就会成为被踢出局的那一个。

在其位谋其政，既然身在职场，就要把工作做到极致，就要履行自己身在企业的使命，就要为企业做大、做强贡献自己的才华和汗水，没有任何借口。

"没有任何借口"体现的是一种负责和敬业的精神，一种服从和诚实的态度，一种完美的执行能力，"没有任何借口"是真正胜任工作的表现，具备这种精神的员工是每一个企业最为需要和最为器重的。每名员工都要具备"只为成功谋出路，不为失败找借口"的精神和素质，这应该成为一种常识性的意识，成为一种职业常态。

理想总是美丽的，现实总是惨淡的。在职场中喜欢找借口的"借口派"大有人在，如"我的能力有限，任务无法完成"、"交通堵塞，我又迟到了"，以及"这个事情难度太大，请再给我两天时间"、"这不是我的责任，这件事不是我定的，公司制度有问题"、"时间还早着呢"，以及"我一直在办这件事，我觉得自己已经做得够好了，那位客户也太难伺候了"等。

喜欢为自己找借口，实际上更多地表现为一种心态问题。当大多数人习惯了用这些借口来搪塞工作或生活中所遇到的种种困难和责任时，笔者想，面对自己的工作和生活，我们就已经很难再拿出一种积极向上的心态了。当心态出现问题的时候，我们究竟能达到什么样的目标，面临什么样

No Excuse !

的结局。

本书是笔者深入职场和管理一线十多年来的职场体验和管理经验的再现和总结，在书中历数了工作中经常遇到的15种借口。并以此为基点逐条展开，从"职场体现人生最大价值，努力工作绝不找借口"、"服从命令并履行职责，杜绝任何借口"、"尽善尽美给力工作，百分百排除任何借口"、"站好队伍，问题面前一马当先，不找任何借口"、"积极职场、心怀坦荡，不为抱怨找借口"，以及"做解决问题的实干派，抛弃借口做大自己"六大方面来帮助读者消灭并结束借口。

笔者针对员工容易依赖和借助的种种借口进行深入分析，提出了一系列操作性很强的杜绝员工找借口和解决实际困难的方法。这些方法可以帮助企业培养没有任何借口、并具有责任意识、能把工作执行到位的优秀员工，进而打造优秀的企业团队，优化企业文化。并且提升企业的整体形象和整个团队的战斗力和凝聚力，增强企业的影响力。

这是一本极具实用价值的好书，是一本值得所有企业家、公务员和公司职员阅读的好书。希望读者朋友在阅读和学习本书的过程中有所收益，剔除借口，不做"借口派"，更不为借口所累。

No Excuse！

第一章 工作中你有这15种借口吗

No Excuse !

1. 消灭不负责任的借口——"这件事情不是我定的"

社会学家戴维斯先生说:"放弃了自己对社会的责任,就意味着放弃了自身在这个社会中更好地生存的机会。"从这句话里,我们可以明白责任与生存机会是息息相关的。在这个社会上我们每个人都在扮演着各自的角色,也承担着不同的责任。作为一名职场人员,不能轻易忽视自己的责任,更不能为了推卸责任而寻找任何借口。

由于我们从事的行业的关系,公司的快递业务量很大。时间久了,笔者和某家快递公司的老板张先生成为好朋友。在一次聊天中,张先生告诉笔者一个发生在他们公司的事情。小李和小张是一对好兄弟,他们在张先生的公司工作已经一年了。工作中小李和小张是很好的搭档,而张先生也很欣赏他们,一直想等合适的机会提拔这两个年轻人。

这时候发生了一件很意外的事情,一次,小李和小张负责运送一件很贵重的古董到目的地。这是个很贵重的瓷器花瓶,张先生在交代任务时反复叮嘱他们要小心谨慎。

接到老板的指令之后,两个人将古董花瓶包装好小心翼翼地上路了,可是到了目的地意外还是发生了。就在小张把古董交给小李准备按门铃的时候,小李却出现了失误。他没有稳妥周到地保护好花瓶,花瓶摔在地上,碎成几十片。

张先生的公司为此赔偿了客户一大笔钱。事后张先生对小李和小张进行了严厉批评,并决定继续追究这两个人的责任。

某天,小李悄悄来到张先生的办公室,对他坦白说:"老板,这件事不是我的错,是小张自己不小心弄坏的。"在这件事情没有彻底弄清楚责任之前,张先生不宜表态,他不露声色地对小李说:"行了,小李,我知道了,这件事情我会公平处理的。"随后,张先生又叫来了小张,问小张事情是怎样发生的。小张就把怎样运送花瓶到目的地,又怎样在目的地失

No Excuse !

手打碎花瓶的过程一五一十地说了。最后，小张诚心诚意地说："这件事情的确是因为我们的失职，我愿意为此承担责任。"

张先生让小张回去等待处理结果，第二天张先生把小张和小李一起叫到了办公室说："事情的原委我已经弄清楚了，客户对我说了你们在递接古董花瓶时的全部过程，并承诺会为此作证。我相信，我们的客户是没有理由说谎的；另外，我也看到了你们在事故后的不同反应。我决定小张留下来继续工作，并用3个月的薪水偿还客户的损失。小李，你明天就不用来上班了，公司保持继续追究你赔偿客户此次损失的权利。"

在这个故事里小李因为替自己找借口推卸责任付出了沉重的代价，在责任和事故面前是没有借口的，主动承担责任，还是消极推卸责任，一念之间，结果却有天壤之别。

★职场箴言★

*

"这件事情不是我决定的"、"这件事情的失误跟我无关"、"我不是这里的负责人"……当你在工作中失误的时候，你是否会找出以上种种不负责任的借口来为自己的行为开脱和辩解？如果是这样，那就请在此打住；否则你将会为你的借口付出代价，故事里的小李就是一个反面典型。

*

2．消灭不找方法的借口——"这件事情的难度太大了"

在职场中面对上司分配的任务不少人难以接受，常常会向朋友抱怨："老板交给我的任务太难了，实在胜任不了。"有的人甚至会直接向老板推托说："这件事情的难度太大，我没有办法完成！"

在工作中许多员工不喜欢挑战高难度项目，甚至千方百计寻找借口来推托。仔细剖析，笔者认为其中包含3个原因。

首先，大多数人认为日常的工作任务已经够多了，而额外接受新的重

No Excuse !

要任务费心费力。干不好，会给自己带来很多麻烦，甚至会干扰其他工作的进度。

其次，面临工作之外的压力和挑战，有些员工往往会产生一种后顾之忧。担心老板会因为自己肯挑重担，就会变本加厉，给自己布置更多更难的任务。

最后，"不求有功，但求无过"的工作心态使得大多数人宁可躲避"有功"的风险，而放弃接受挑战，以保持"无过"，明哲保身。

实际上，勇敢地接受挑战、面对任务才是明智之举。应当明白老板不会刻意刁难自己的员工，任何问题都一定存在解决的方法。员工只有消灭那些不找方法或懒得找方法的借口，才有机会找到方法解决问题。

那些职场中的成功人士之所以能受到领导、老板、委托人，以及一切有关人员的信任和依赖，就是因为他们不局限于做自己分内的事，而常常主动去做一些分外的事，或者接受一些极具挑战性的任务。

以笔者公司的牛强来说吧，他最初进入公司时没有任何身份，经验也少。但他却是晋升最快的一个，现在他已经成为笔者不可或缺的得力助手。

在牛强刚进公司时，笔者就很关注他。因为笔者发现，除了笔者，他是下班最晚的一个，这个习惯一直跟随他到现在。

有一次，天色已经很晚了。当笔者忙完手头的工作准备离开公司时，发现牛强还在办公室里。

起初，笔者以为他在忙自己的本职工作，但笔者发现他每天都要工作到很晚。原来他看见笔者每天都下班很晚，就特意留下来看笔者有什么需要，以随时提供帮助。

此后，笔者就经常让牛强找一些文件和打印一些材料，在别人都下班的时候，他也就逐渐接管了这些本不是他分内的工作。时间长了，一有什么事笔者最先想到的也是牛强。而牛强也总能想办法帮助解决，牛强的职场道路也就像他解决事情的劲头一样越来越顺风顺水。

不断接受工作上的新挑战，不断为自己的工作找方法和路径。牛强不但为公司发展贡献了自己的智慧和心血，也为自己创造了更多的升职条件。在职场中却很少有人像牛强一样认识到这个道理，也很少有人能做到这一点。

No Excuse !

对一名工作者来说，拒绝接受工作上的挑战就是借口。"世上无难事，只怕有心人"，这个道理同样适用于每名职场人士，不为工作找方法而为工作找借口的人也就永远成不了一名优秀的员工。

★职场箴言★

*

消灭不找方法的借口，勇于挑战高难度工作才能做公司最有价值的员工，才能在人群中脱颖而出得到老板的青睐。仅仅明白这个道理是不够的，还要切实地将它融入到行动中。

*

3．消灭努力不够的借口——"我的能力有限，我是新手"

现实生活中经常见到很多员工评价自己的成功："我是靠努力得来的。"而对于自己的失败，却鲜有人会大胆地站起来说："是我自己的不努力而导致了失败。"大多数人不愿承认自己不够努力，常常以下面的这些借口遮掩自己的失误："我的能力太有限了"、"我已经很努力了"、"我不行，我想我真的做不到"等。

不要为自己的不努力寻找借口，只要努力，没有什么不可能。

在激烈的篮球比赛中，乔丹·希尔表现良好，但他仍然表示："我需要学会如何更好地占领篮下的空间，把对方挤出去。"在整个比赛中落后对手2.5个胜场的凯尔·洛瑞虽然自身表现良好，7投2中得到了6分，另有7次助攻和4个篮板，但当他被记者问到为什么输给对方时却这样回答："没有什么原因，没有任何借口，我们需要打得更加努力才行。"

当红影视明星王宝强说过这样一番话："我成功了之后，回过头再去看这10年的经历，是我最宝贵的过去。我再也体会不到那时候的心情、状态和感觉是什么样的。作为演员不要羡慕和嫉妒我，你要超越我。并且做得比我更好，因为我的运气、幸运和经历等一切成功的机会都是我自己通过努力而争取来的。"

No Excuse !

在大多数人眼里，王宝强只不过是瞎猫碰到死耗子，一时撞了大运，否则根本不会红起来。可他最终火了，红了，成功了。

天道酬勤，王宝强拥有今天的成绩都是他不懈努力的结果。从8岁开始，王宝强就为自己谋划了一条演艺路。他说服父母一定要去少林寺习武，因为他认为可以像李连杰那样，拍一部《少林寺》火遍全球。学了6年功夫之后，他觉得自己可以离开少林寺了，于是14岁时只身来到北京。他之所以来北京，是因为听别人说"北京拍电影的机会多"。

王宝强在北京一待就是10年，这10年里，王宝强为了糊口在工地上搬过砖，和过泥，做过最苦的劳力。但就在这样艰苦的条件下，他也从没有放弃过拍戏成名的念头，每天坚持步行一个多小时到北京电影制片厂门口等着幸运女神的青睐，为此他做过群众演员，跑过龙套。但每一次拍戏他都会认真对待，私底下自己会排练很长时间。

一次偶然的机会，王宝强接到一个为男主角做替身的武打戏，任务就是从一架两米多高的防火梯上直接摔到坚硬的水泥地上。在别人眼里，这种活只看一眼就会让人腿软，可是王宝强就这么硬生生地摔了十几次。

这件事立刻轰动了电影圈，做替身的时候王宝强从来都是真摔，而且一次比一次摔得厉害。很多导演对他的努力和认真很是佩服，于是王宝强的机会越来越多，为他以后的演艺生涯夯实了基础。

在拍完《盲井》拿到最佳新人奖后，王宝强的演艺生涯才算真正开始。拍完此片三个月后，他就受到邀请，加入《天下无贼》剧组。自此，王宝强憨厚老实的"傻根儿"形象天下皆知。

在拍《士兵突击》时，导演要王宝强练习腹部绕杠的动作，别人做8个，他会做12个。别人排练3次，他会排练5次。当别人问他为什么这么拼命和努力时，他憨笑着露出两排大白牙说："为了不给失败任何借口呗！"

在演艺圈里，王宝强既不是科班出身，又没有俊美的外形；既没有复杂的背景，也没有演戏的天赋。在他身上有很多东西可以作为不努力的借口，但是他从来没有说过"我的能力太有限了，我还是回家种地吧"。正是他不找任何借口的努力，为他的演艺生涯带来了曙光和希望。

最终，这个草根英雄和铁血汉子硬是凭借着自己的努力，征服了导演和观众，闯出了自己的一片天地。

No Excuse！

★职场箴言★

*

其实成为明星之初的王宝强并不比我们这些普通老百姓特殊多少，他是一步一步奋斗走过来的，并成功地改写了自己的命运。作为一名企业的员工，面对自己的工作，你又是否敢于承认自己比王宝强更努力呢？

一个人若想找，可以为自己找出无数个不够努力的借口，但是那些借口绝不会对你的工作和事业有任何的帮助。如果说成功有诀窍的话，则消灭那些不够努力的借口就是一名职业人士成功的前提和基础。

*

4．消灭拖拉松垮的借口——"时间早着呢"

"明日复明日，明日何其多。我生待明日，万事成蹉跎。"一首脍炙人口的《明日歌》将办事拖拉的拖延一族不折不扣地批评了一番。

工作中总有一些人跟不上节奏，凡事拖拖拉拉，不管你如何催促，他都不紧不慢，"时间还早着呢，着什么急呀"是这类人的口头禅，而事情便一天天地被拖了下来。

拖延一族在工作上最会找借口，他们感觉不到拖延带来的真正伤害和危险。并且总是很有把握地认为自己一定能够赶在时间截止的最后一刻，快、狠且准地解决问题，完成任务。

实际上，最终这些人很难解决问题并做好工作，"时间还很早"只不过是他们办事拖拉、畏惧任务，以及敷衍上司和公司的一种借口。而这种借口说多了，自然就会演变为一种习惯。如此周而复始，拖延便陷入了一种恶性循环状态。这样的人最终也会被公司淘汰，被领导摒弃，在公司失去自己的位子。

在工作上不要为你的拖拉松垮找任何借口，因为没有一个借口是正当且合理的。那么怎样才能从根源上消灭拖延一族的借口呢？

No Excuse!

首先掌控好自己的时间。

每个人每天都拥有24小时，公正公平。谁也不会多一分，谁也不会少一秒，以时间为借口是说不过去的。那些总是能提前完成任务的员工，聪明在最大限度地利用时间上，他们总能让24小时发挥最大的功效。而那些不善于管理利用时间的人，只能眼看着时间白白浪费。

其次要自信自强，不要唯唯诺诺。

很多人在接到任务以后，总是选择那些最容易解决的去做，而留下那些最难的。这是因为太缺乏自信，"时间还早，容我再想想，做错了可就不好收手了"，这样的想法使得他们总是拿不准自己所做的决定到底是对还是错。因此再三思量，不敢付诸行动，一拖再拖，以至于已经过了最后期限，事情却仍然得不到解决。

最后警惕完美型拖延。

在职场中，不可否认的是许多人办事拖拉不是因为懒惰，也不是因为缺乏自信，而是过分执着于追求完美。

这些人做事总是要求尽善尽美，因此他们宁愿把大把的时间花在准备程序上。但是总想把事情做完美，这样会给自己造成极大的压力。结果压力越大，就越担心做得不够好。越是担心，越是迟迟不敢行动。时间久了，也就成了办事拖拉的借口。

很多人都致力于追求完美，可我们是不是应该反问一下，这个世界上究竟有多少事情是完美的呢？要知道对任何人来说，完美只是一个追求，而不是目的。想通了这一点，那么相信人们再也不会拿完美来当作办事拖拉的借口了。

★职场箴言★

*

有时候时间上的紧迫感和焦虑感的确会激发人们的斗志，甚至会让人短期内精神振奋，一门心思地投入到做事上。但是这绝不能成为你办事拖拉的借口，因为一旦人们开始鼓励拖延，那么拖延就会借机形成一种无法摆脱的恶习，让人蹉跎岁月。

*

No Excuse！

5．消灭低效率的借口——"这件事情我一直在折腾"

从某方面来说，效率就是金钱，效率就是利润。一名企业员工的工作效率，就是在单位时间内完成工作的数量。换句话说，员工能否在有效的工作时间里做出更多的工作成绩是判断其是不是一名合格职场人员的关键之一。

任何一名求知上进的员工都希望自己能在更短的时间内完成自己所从事的工作，因为工作效率越高，也就意味着可以越多地获得工作成果和经验。从而就更能轻易在众多竞争者中脱颖而出，那么不论是升职还是加薪都不是一件遥远的事情。

在平时的工作中却总有人为自己的效率低下找借口，即"这个问题我一直在研究"、"这件事情我一直在折腾"、"再等等吧，我正在解决"等。

同一个工作或同一个问题，为什么你要用一个工作日才能完成，而别人只需要半天，甚至一个小时就能完成呢？为什么常常感觉自己每天忙忙碌碌却没有任何成果，而有的人却在悠闲自在中就把事情高效地办好了呢？

很大一个原因就是你一直在为自己的低效率工作寻找理由和借口，因此，一名企业员工要提高自己的工作效率，首先就要学会消灭那些低效率的借口，之后你才能从根本上多快好省地解决问题。

在笔者认识的人之中有一名高效能的职场工作者，他在外企工作，叫赵力。他总是很轻松地处理自己的工作事务，虽然人们从没有看见他加班加点地忙碌过，但他就是能高效地解决一切问题。

后来他对笔者说只要不给自己找借口，就可以高效率地工作。的确如此，如果一个人从早晨来到公司上班的那一刻就开始抱怨："这件事情一直困扰着我"或"我一直在处理，却总觉得时间不够用"那么你就永远没有完成的时候了。

另外，赵力说统筹安排工作也是提高效率的关键。他说在自己的工作日程中，从来不会累积超过3项以上的紧急事务。而且他从不腾出时间来

No Excuse !

参加普通客户的商洽会议，只肯把自己的头脑用来思考如何从重要客户那里增加获利。就这样，他的业务成绩很轻松地搞了上去，用他的原话说就是："只考虑那些大的并有利可图的事情，排除那些耗费宝贵时间又很少获利的零头琐碎，那么你就变得高效了！"

笔者的朋友小张也是一个高效办事的人，无论是生活还是工作，他从来不为自己找借口。小张的办公室被安置在了最嘈杂的大厅，在这里办公使很多人为自己的低效做事找足了借口，如"大厅太乱了"、"心里很烦躁"或"总有人打断我的思路"等。可是小张就是在这样一个嘈杂凌乱的环境中静静地运筹帷幄，安排自己的事务。他从不事必躬亲，他认为一名成功的职场管理人士，应当学会善用人才，而自己做的只是关注并督促他们的工作进度。

小张也的确做到了这一点，他常常把筹划好的事情分摊在下属身上。并且再三交代他们即将要进行的工作，然后只需要静待结果。

整件事情就会像他预料的那样不需花费任何多余的时间就高效快速地处理了，他就是这样把整件事情安排得恰到好处。谁适合负责这一项，谁又适合负责那一项。让每一个跟进者没有任何借口地完成他布置的任务，而他的团队也从来没有让他失望过。

★职场箴言★

*

统筹安排和知人善任都是提高工作效率的好方法，做到这些的前提是必须消除一切低效率的借口。

不要以为你一直在认真地折腾着这件事情就是对团队和公司做出的最大贡献。更不要把它当成你低效率办事的借口，因为充其量它只能成为你无能的表现。

*

No Excuse !

6. 消灭畏惧学习和成长的借口——"我现在这样就很好"

众所周知,联想集团有限公司董事局主席柳传志选人有两条标准,一是看有没有上进心;二是看悟性强不强。他是这样说的:"年轻人能不能被培养,上进心强不强非常重要。企业真正要做好,总得有一批真的是为国家和民族富强、把职业变成事业的人。纯粹求职的人,在联想没有大的发展。"

柳传志认为悟性是选择人才的第二条标准,但笔者认为一个人的悟性具有很大成分的先天性因素,而一名职场人士成功的最大因素并不是靠其聪明的头脑。

对此,柳传志这样说道:"什么能妨碍悟性的发展呢?是自己对自己的评价过高,悟性无非是善于总结的意思。但过高地看待自己容易忽视别人的经验,不能领悟别人的精彩之处,这种人挺多。有很多人有一定的能力,仅仅是聪明而已,还达不到有智慧的程度;有的人个性很强,强到外力砸不破的时候也就没有了培养前途。"

所以说到底,选择人才的标准终究是要看他是否有上进心,并且谦虚地认为自己应该不断学习和成长。一个总是拿"我现在这样就很好"当成畏惧进步的借口的人,一定不是一名合格的职场"斗士"。

迄今为止,笔者认为自己看到的最有价值的企业标语是:"学习昨天,掌控今天,瞄准明天。"三小句话简短而又有力,每一句都为进步打上了坚实的烙印。

学习昨天。如果你的昨天不够完美,甚至因为无知做了很多错事和傻事,那么为昨天悲伤,就不如把它当成学习和进步的对象。有错必改,知难而进。相信具备这样一颗坚定的上进心的人一定能从经验和教训中成长进步起来,从而成为一名优秀的职业者。

掌控今天。经常以"我现在这样就很好"这句话作为拒绝学习和进步的职场人一定不会在其职业领域有所突破的。如果不喜欢现在的工作,大可以辞职不干;否则就闭口不言,不要为自己找任何借口来逃避进步。

No Excuse !

初出茅庐的职场人员往往眼高手低，心高气傲。结果大事做不了，小事又不愿做，最终在挑三拣四和不思进取中错失了今天。

瞄准明天。"是非明于学习，境界升于自省"，刚参加工作不久的小李是这样激励自己的。在与他谈心时，他认为学生时代的结束并不代表学习生活的结束。尤其对刚从象牙塔中走出来的新人来说，在社会这所大学中他们只不过是初学者。

虽然小李的言谈举止还带了不少的学生气，但他有放眼明天的远见和胸怀。而且时刻准备充实和完善自己，具备这样品质的人一定是离成功不远的人。

工作中的小李十分注重学习，他为自己买了个闹钟，以便于充分利用工作以外的时间进行学习。他说："贪睡和不守时都将成为你工作和事业上的绊脚石，要想学习就要时刻把握现状。"每个人的现状都是不同的，有些人把它当成进步的阶梯，而有些人却把它当成不思进取的借口。

★职场箴言★

*

在工作中你是否也会出现一些畏惧进取的借口呢？如果有的话，就抓紧时间把它消灭吧。人总是要学着长大的，在这个过程中越渴望学习和成长的人越能省去不少学费，而那些寻找借口的不思进取的人反而注定要交更多的学费。

*

7. 消灭谋取私利并损害团队利益的借口——"公司的利益没有我的利益重"

无论什么时候拥有一批时刻把公司利益放在第一位的忠诚员工是一个企业能够成功的先决条件，笔者的朋友翟先生在其创业初期就认识到了这一点的重要性。

那时候翟先生的房地产公司刚刚成立不久，资产有限。在激烈的房地

No Excuse !

产市场竞争中要想获得一块有市场价值的土地，无论是市场调查还是周边楼盘摸底都需要一批忠诚的员工，替你理顺各种各样的社会关系。翟先生很庆幸自己拥有一批这样的员工，为了工作和团队的利益，他们不知道牺牲了多少个节假日，放弃了多少次与家人和朋友团聚的机会。

在很多个辛苦的日夜后他们瞄准了一块颇具潜力的土地，而且打理好了一切社会关系准备竞标，当时，很多家房地产公司都看上了这块风水宝地。

遗憾的是就在拍卖会召开前夕，公司有人出卖了自己的团队，泄露了竞标消息。就在竞标开始几个小时前他们秘密调整方案，抬高了竞标价格，最终翟先生以高出预算的价格拍到了那块地。

事后，翟先生马上查出了出卖团队的人。那个年轻人没有任何悔意，他为自己辩解说自己为公司已经付出了很多。为公司熬夜奋战期间，他失去了未婚妻。而母亲又病重，正巧竞争对手向他招了手，就这样，他用一条消息换来了母亲的手术费。在他眼里个人利益大于公司的利益，因此他为自己找来种种借口推卸自己的责任，为自己的背叛找理由。

"公司的利益没有我的利益重"，这样一个扭曲的价值观使得那个年轻人丧失了大好前程。而翟先生及其忠诚的员工却从中悟出了一个道理，即永远不要为谋取私利和损害团队利益寻找任何借口。

事实已经无数次地证明，个人利益与集体利益是相辅相成的关系。公司的发展离不开每一名员工，员工的发展更依托公司的不断壮大。企业与员工之间只有处理好个人利益与集体利益的关系，才能寻求共同发展。而一名好员工也只有将公司的利益放在第一位，才能获得更好的个人回报。

作为一个职场人，时刻把公司的利益放在第一位才是对自己团队的最大忠诚，假公济私和损公利己在任何时候都不应该存在任何借口。一名员工要成为一名合格的职业者，并在自己的职业生涯中留下最为光辉的一笔，那么就需要从消灭谋取私利并损害团队利益的借口做起。

★职场箴言★

*

辛勤的付出终会获得回报，任何一个员工只要消灭那些损公谋私的借口，并且对公司有所贡献，就一定有机会同公司共进退，分享成功的喜悦。

No Excuse！

8．消灭自我情绪失控的借口——"我的性格就这样，连我的父母都管不了我"

"我的性格天生如此，连我的父母都管不了我"、"发过脾气就好了，我就是这样，改不了"……在职场中经常有人在情绪失控后会这样为自己开脱。

其实这只是一个借口，而这样一个借口就可能让一名职场人士打破良好的人际关系并错失发展晋升的良机。

情绪是指人们对环境中某些事物所持有的身心体验，不论是在生活中还是职场上它都对人生有显著的影响力。据心理专家调查发现，在职场中一般人大概有3/10的时间都处于一种情绪不佳的心理状态。因此要想成为一名合格的企业员工，不受不良情绪的影响，就需要常常控制自己的情绪。

在笔者还是一个初出茅庐的职场新人时，就时常因为不能很好地控制自己的情绪导致与同事和上司的关系失和并影响了工作。直到有一天，上司为笔者讲了下面一个小故事。

庙里有一个脾气很坏的小和尚，稍有不顺心就会发火，以至于庙里其他师兄弟都不愿意和他讲话。

有一次，小和尚因为做饭的人分菜不均而把他暴打了一顿。"不患寡而患不均，他分菜不均就是让我无法控制自己的情绪！"小和尚站在方丈面前，这样为自己辩解。

"那也不能随便就把人打了啊！"方丈道，"就算他分菜不均，也可能是一时手误，你只要提醒他一下就可以了。为什么不分青红皂白，先把人打了啊？"

小和尚默不作声，最后被问急了，嚷嚷道："哎呀！我这个脾气是天生的，谁都管不了！"

"天生的，难道你的父母也都是这样对人的吗？"方丈问道。

"那可不是，我父母待人谦和，我脾气暴躁干他们何事？"小和尚的脸

No Excuse !

红了。

"既然你的脾气不是来自你父母,那为什么说你的脾气是天生的,没办法改呢?"方丈反问道。

小和尚无语。

"那都是借口啊!"老和尚厉声说道,"心生则种种法生,心灭则种种法灭。要知道任何人只要有心,没有什么恶习是改不了的!"

身在职场,每个人每天都会面对很大的工作压力,也的确会因此产生一些不良情绪。若不加以控制这种不良情绪,受到损失和伤害的只有自己。做一名成功的职业者,应当学会在工作中消灭那些情绪失控的借口,调节自己的不良情绪。

首先,应该学会用理智控制自己的坏情绪。很多时候,人们会像小和尚那样因为"待遇不公"而感到不满和委屈。没有办法控制情绪的人就会选择怒气冲冲地找到上司或什么人发泄不满,结果大多数人都会因此得罪上司,甚至丢掉饭碗。

要知道,即使修养再高的上司也无法忍受这种一股脑发泄情绪的"神经质"员工。就算事后怎样为自己的一时冲动找理由,那也只能算借口,上司不会买你的账。因此职场人遇事要冷静,多想想别人以及发泄的后果。

其次,不要为自己不分场合的抱怨找借口。不论是同事还是上司都不愿意在公司里丢了面子。因此要想通过发泄情绪而使对方改变主意或看法,就不能不分场合找借口抱怨。

在职场中,聪明的员工即使受到了很大的委屈,也不把糟糕情绪带到工作中来。他们总是懂得找场合发泄情绪,会避免在正式场合提出意见或表示不满,给别人面子也就是给自己面子。情绪是老虎,老虎是会吃人的。

★职场箴言★

*

有一副对联说得好:"你无法改变天气,却可以改变心情;你无法控制别人,但能够掌握自己。"横批为"操之在我"。

不要再为你的暴脾气寻找借口,只要你用心去做,一定能掌控好自己的情绪。也只有这样,你才能走向成熟,成为一名职场达人。

No Excuse！

9．消灭不谦虚谨慎的借口——"我真的不觉得我不如别人"

虽说现在是追求个性和讲求实力的年代，但在职场中，谦虚谨慎依然是优秀员工所追求的标准。因为不论是下属、同事还是上司，都不喜欢骄横张扬的人。

多年的职场失意，使得我的好友小辉终于认识到了这一点，以下就是他的亲身经历。

刚进公司的时候，小辉被分到了公司的企划部，这是公司的核心部门。当找不到工作的同学都在羡慕小辉的幸运时，小辉却认为自己并不是幸运，而是真有这个实力。

初出茅庐，小辉自然还摆脱不了一些学生气，他的办公桌上经常摆放一些时尚明星的照片和蹊跷古怪的小玩意儿。为此，办公室主任——40岁的陈姐多次批评他，说这些东西会影响到工作，并且让他把无关紧要的东西都收掉，可是小辉只是随声附和而不照办。

有一次，小辉对陈姐说道："我说姐姐啊，您真是'out'了。现在的年轻人头脑灵活，思维开阔，总能在玩的过程中就把工作做好。再说，工作累了，玩一下这些东西，也能换换思路并找找灵感啊！"陈姐被小辉的一番话噎住了，以后再也没有提过这件事情。就在小辉得意扬扬的时候，他发现这位姐姐再也没有给过自己好脸色。

小辉没有把这个问题当回事，他认为自己有实力，只要业绩好，别人就没话说。果然，第一个月下来，小辉仍然拿到了公司最佳创意奖。这时，有位同事半开玩笑地说："小辉，刚工作就这样出色，以后发达了可别忘了请客啊！"小辉听了一脸得意，立刻不谦虚地说道："没问题，等我业绩突出并升了职，一定请大家去大饭店吃一顿。"

年终评选先进工作者的时候，小辉算了算自己不菲的业绩，认为自己势在必得，甚至会得到提拔。评选结果下来了，企划部里先进工作者不是小辉，而是一个业绩平平的人。

小辉很生气，跑去找领导发泄。领导被激怒了，大声批评他："这是

No Excuse!

公司评选出来的结果，是最公正公平的。你没有被评选上，应该先从自身的角度反思一下，而不是来找你的领导无理取闹！"

"我哪里做得不好？我觉得我比别人强多了！"小辉愤愤不平。

"你只会为自己找借口，一点也不谦虚。就是皇帝老子也没有像你这样张狂过，自己反省去吧！"领导丢给他一句话，摔门而去。

第二天，小辉就接到了派遣令。原来公司决定把他调到地方分公司干一年。一气之下小辉辞了职。

"我有实力，走到哪里都不怕！"即使到了别的公司，小辉依然毫不谦虚，自然也就无法与同事和领导和睦相处。再后来，就连当年羡慕他找到好工作的人都已经成了公司的领导，而他依然不断地调换工作，直到现在也一事无成。

醒悟之后的小辉向我说道："唉！做个优秀的职场人个性要有，努力要有，但更重要的是要消灭掉那些不谦虚谨慎的借口！"

一个聪明的职场人是不会为自己的骄傲自大找借口的，"我就是比别人强"这样的话只能让同事和领导对你敬而远之。

同事之间有的人水平高些且能力强些，有的人则显得水平低些且能力弱些，这都在所难免。因此就算你能力很强，业绩突出，也不能在同事和领导面前摆出一副公司没了你就玩不转的架势。

★职场箴言★

*

在工作中能力再强的人也有自己的弱点，能力再弱的人也有自己的优点，谁都没有理由在同事和上司面前张扬跋扈。

作为一名优秀员工，适当地推销和展示自己是一种求生和求胜的必要，但不应该过头。在上司面前自视清高并在同事面前趾高气扬的人，即使有一天为自己恃才傲物感到后悔时，也不会有人愿意买你的账，而只会把你的说辞当成不能谦虚谨慎的借口。

*

No Excuse！

10．消灭因循守旧的借口——"我觉得改变自己很难"

"我觉得改变自己很难"、"我想保持目前这种状态"、"这对我来说太冒险了"……职场中有很多人太过于因循守旧而为自己找出种种借口，这让他们错失了很多发展良机。

这是一个创新的时代，不能与时俱进且只愿墨守成规的职场人最终会被这个快节奏的时代所淘汰。

小郑是老家的旧友，笔者是一步步看他成长起来的。他的家境不好，大学毕业后急于入职，没有经过太多选择就进入一家企业做起了营销。

一晃几年过去了，同期同事加薪的加薪，升职的升职，只有他原地踏步。同期同事有的瞧不起他，有的认为他太"清高"；上司及后辈觉得他太"油条"，很难相处。在公司里他不但被同事排斥，就连他自己也开始讨厌自己了。一直以来他太过保守，总是怕失去现在的工作。做起事来也唯唯诺诺，一晃就是5年。

笔者比小郑大几岁，他也一直把笔者当成哥看待。听了他的倾诉，笔者知道了他的问题所在，感觉他应该尝试着改变一下旧的自己了。于是笔者送给他《谁动了我的奶酪》这本书。

看完书后小郑十分激动地找到笔者，说他要改变。就像书中的"唧唧"一样，他要勇敢地冲破束缚。穿上跑鞋，走进迷宫，寻找更多、更好的奶酪。小郑说以前的自己就像"哼哼"，只是怀念过去而故步自封，只知道抱怨而不知道创新。

小郑终于找到了自己的症结所在，安于现状并认为自己保持现状很好，长期以来成了他因循守旧的借口。他决心告别过去，重新塑造自己。

小郑重新燃起了对营销的热情，他不但报名学习营销专业课程，在公司里也开始与同事热烈地讨论新思路和方法。在公司总结大会上，他会大胆发表自己的见解。在一次市场开发动员大会上，小郑主动请缨，请求派自己开发一些较难的项目。

接到新任务后，小郑每天上班前都会大声激励自己："改变自己，就

No Excuse !

是改变这个世界！"经过几个月的努力，小郑大功告成。不但为公司开拓了新的市场，也为自己迎来了升职的机会。

就连小郑自己都不敢相信，短短几个月的时间，他就改变了自己周围的一切。他和同期同事一样升了职，成为了项目负责人。他的领导不再考虑将他这个"老油条"驱除出企业，后辈们把他当成自己进步的榜样。很快他在企业里拥有了良好的人际关系，工作也更加游刃有余。现在的小郑事业蒸蒸日上，生活如鱼得水，可每天早晨上班前他仍然会对自己大喊一声："改变自己，就是改变整个世界！"

小郑的事例告诉每一名企业员工不要再为自己的因循守旧寻找任何借口了，只要稍做努力，任何人都能很轻易地改变自己的现状。而只有善于改变自己的人，才有机会冲向成功。

★职场箴言★

*

不改变自己的命运，你永远都只是一个找工作的人。做一名成功的职场人士，应该消灭种种让你因循守旧和故步自封的借口。大胆创新和大胆改变是这个时代赋予你的特质，只有把握住的人才能为其职业生涯涂上一笔鲜艳的色彩。

*

11．消灭不守时间的借口——"对不起，又堵车了"

为迟到及不守时间找借口似乎是职场人的通病，如"对不起，又堵车了"、"车子抛锚了"、"闹钟坏了"……迟到的理由可真多。

经调查发现，上班迟到是生活中的一种常见现象。大多数人上班迟到或者约见客户不守时都不是真的有事耽搁，而常常有更深层的心理原因。于是，大多数人为迟到找的种种理由就都成了五花八门的借口。

就像恋爱中的男人约会常常早到，可结婚后就总爱晚点一样，职场上员工上班迟到也是一样的道理。如果员工热爱自己的工作，整天热情高

No Excuse !

涨，那么就像恋爱中的人一样，即使上班的路再远，也会准时准点到达工作岗位；如果员工对工作缺乏热情，或者由于无法和同事处好关系，不能得到上司的青睐等原因而产生消极怠工情绪，就会从心底产生抵触情绪，从而选择用上班迟到这样一种方式来进行宣泄。

迟到了，自然需要解释原因，对此大多数人也只有寻找各种借口来搪塞了。有的人只是想通过寻找借口来避免尴尬和惩罚，其实他们心里明白迟到是一种故意行为。也有一部分人从潜意识里根本认识不到这一点，他们认为迟到只是一些客观原因背后必然的结果。

当然，不论是故意迟到还是真的被事情耽搁了，迟到都不是企业员工应有的习惯，因此更不可任由自己为迟到找寻种种借口。

经常性的迟到其实是一种病症，这种病症的根源就在于不敢正视自己对老板和公司的不满，而选择用暗里表达又明里掩饰的消极态度。这不但不能解决与老板和公司的矛盾，反而会使自己扣上一个不负责任的帽子。

对自己负责任的人不会经常迟到并为此找借口开脱，面对工作和人际关系方面出现的困难和冲突，员工需要认真地反思自己，并以积极有效的行动改变自己和现实的处境，这才是一名合格的企业员工应该具备的心理。

晓白是名职业女性，也是笔者的朋友。她自从休产假归来后总是上班迟到，而且每次都面红耳赤地为自己的迟到寻找借口。后来她将这种情况告诉了笔者，笔者建议她看一看心理医生。当笔者再次见到她的时候，她非常高兴地说自己已经不迟到了，并感谢笔者建议她去看心理医生。

原来，晓白从心里认为公司太苛刻了，给她的产假太少了。产假中的惬意及上班后的紧张生活反差太大，这让她更加埋怨公司的产假制度了，于是不自觉地就产生了迟到并为迟到找借口的现象。

职场人士在发现自己经常有迟到并找借口的现象时，要及时找原因，从而消灭种种借口。比如，如果想尝试调动工作，那么就大胆申请；如果处理不好与同事的人际关系，那么就勇敢调整一下自己的处事方式；如果认为自己怀才不遇，或者专业不对口，那么就试着换个工作等。

No Excuse !

★职场箴言★

*

尊重时间不仅是对他人的一种尊重,也是对自己的一种尊重。迟到或不遵守时间的现象在职场中非常普遍,它会作为一种传染性很强的社会现象在人群之间快速而迅猛地传开。因此不论是从自身角度考虑,还是从他人乃至公司的角度考虑都应该尽早避免这种行为。

*

12．消灭不主动的借口——"这件事情老板从未吩咐过我"

"这件事情老板从未吩咐过我"、"我已经干完了自己的本职工作"、"到点了,为什么不能下班"……只要他们愿意,现在的年轻人就会很轻松地为自己不主动工作找出多种借口。

实际上,一名优秀称职的企业员工从来不需要领导督促工作,这样的员工也一定会深得老板的喜欢。

小王是朋友公司的办公室职员,聪明能干。只要是自己负责的工作,他都会尽心尽力地去做。而且都能准时完成,中间不出任何差错。小王自认为很优秀,在他眼里勤勤恳恳完成自己的本职工作已经很难能可贵了。可是到了年底绩效考核的时候,小王的成绩却不是很理想。他对此难以理解,便找领导核实。

领导这样说道:"自从你在本公司工作以来,你的表现中规中矩。对自己的项目负责,而且不出任何差错,这点作为你的领导我很满意。但是你要知道,公司是一个团队,任何员工都不可能只把自己分内的事情做好就能称为优秀。作为一个优秀的职场人,不要以为老板没有吩咐过的事就不该去做。"

小王听了领导的话,感悟很深。于是在第二年里,他不仅做好了自己的本职工作,还常常自发地去做一些力所能及的事,做得比要求的更好。很快小王得到了领导的青睐,而他也在本职之外的工作中提升了自

No Excuse !

己的能力。

比尔·盖茨说:"一名好员工应该是一个积极主动做事,积极主动提高自身技能的人,这样的员工,不必依靠管理手段触发他的主观能动性。"

在职场中拼搏,要想做一名合格的员工也许只需要盯着岗位要求,按照规定的时间把工作完成得尽善尽美;要想做一名优秀的员工,那就需要更加积极主动,比领导要求的做得好一点,比别人完成得早一点。并且能在此基础上主动完成一些本职工作之外又对公司有利的事情,那么你离升职的机会也就不远了。

对于一名员工来说,尽职工作就是一切;对于一个老板和企业来说,态度决定一切。优秀的员工要对自己的工作永远保持积极向上的态度,这样才能把每天的工作当作一个挑战。在这个挑战中比别人早做一步,多做一些,并且在行动中获得成功,那么你就掌握职场生存之道了。

优秀员工应该主动做老板没有交代的事,不管是老板没有交代而超乎自己本职的工作,也不管是老板临时交办的紧急任务都要勇敢接受,而不要为自己找寻任何推托的借口。要知道,在职场中每个任务都是一个锻炼自己和挑战自己的机会,在把握这些机会的同时你也在变得更加完美和与众不同。

在老板眼中最闪耀的员工不是那些仅仅能胜任工作的员工,而是那些常常能给自己带来意外惊喜并为企业带来意外收益的员工。在他们看来,这样的员工不但可以胜任更高层次的职位,还能成就一番事业。

李开复说:"不要只是被动地等待别人告诉你应该做什么,而是应该主动地了解自己要做什么。并且规划它们,然后全力以赴地去完成。想想在今天世界上最成功的那些人,有几个是唯唯诺诺和等人盼咐的人?对待工作,你需要以一个母亲对孩子般那样的责任心和爱心全力投入,不断努力。果真如此,便没有什么目标是不能达到的。"

★职场箴言★

*

市场的竞争就是人才的竞争,那些自己不努力、只为不主动工作寻找借口的人面临的只有被淘汰的命运。因为在这个以竞争为主流的

No Excuse !

时代里,任何领导和老板都只需要那些主动发现任务、主动完善任务并主动创造财富的优秀员工。

*

13. 消灭不追求完美的借口——"我觉得已经做得很好了"

在工作中,一名优秀的职业者永远不会为自己找寻这样的借口,即"我觉得我已经做得很好了"、"差不多行了,可以交工了"、"做那么完美干什么,没有人会为你喝彩的"……

在一个企业里,对自己的工作不能尽善尽美而又经常为此寻找借口的员工永远是不合格的。每一名员工都必须充分发挥自己的主观能动性把事情做到完美,因为只有这样,你才能证明自己对企业的最大价值。

这一点微软的员工就能做得很好,微软公司曾明确表示微软需要的是那种直接为公司带来收益并取得市场价值的优秀员工。

那些总能把任何事情都做得漂漂亮亮并且还经常要求自己把事情做得更好的员工,一定是能经常得到领导赞赏和器重的员工。就像齐格勒说的:"如果你能够尽到自己的本分,尽力把事情做得完美,那么总有一天你能够随心所欲地从事自己想要做的事情。"

小马和小吴是笔者很早就认识的两个青年,他们差不多在同一时间进入了同一家大型企业。两个人不但成了工作上的好搭档,也成了竞争对手。在对待工作上,两个人都踏实肯干,但是不久之后两个人的差别就体现出来了。

"我觉得已经做得够好了",这是小马的口头禅,他认为自己的工作任务就是尽职尽责地完成所负责的工作。而且总认为自己已经很努力,做得很好了。

"我觉得我还能把它做得更好",小吴却经常这样对自己和领导说。因此就算已经按时完成了任务,他还是会想办法把工作做得更好。在领导眼中,他不但对工作尽职尽责,而且还力争做到尽善尽美。

No Excuse!

一年后，两个人同时加薪升职；两年后，小吴加薪、升职；三年后，小吴荣升为公司的部门经理，而小马仍然停留在两年前的状态。

在领导眼里，能脱颖而出的员工一定是那些对工作积极努力，并且追求完美的员工。聪明优秀的员工总能懂得发挥自己的最大价值，因为只有这样才能在自己的职业领域中取得更大的成绩。而那些经常为自己懒于追求完美而寻找借口的员工无论从事什么工作都不会全力以赴，只能点到为止，因而很难获得深层次的发展。

一个年轻人刚刚进入一家广告公司，为了在上司面前凸显出自己的专业水平，他只用一天的时间就做出了一个方案。第二天，年轻人信心十足地递交了这个方案后愉快地等待结果。可是两个小时之后，他的方案便被退了回来，上司让他重新起草一份。这次这个年轻人用了两天的时间重新做了一个方案，递交的那一刻他不像上次那么信心十足了。他的心里感觉虽然不是特别完美，但也是个可行的方案。

上司看完方案后找他谈话，问道："这是你能做得最好的方案吗？"年轻人被问住了，他知道这不是他能做出的最好的方案，于是低下了头没有回答。

拿回方案后，年轻人再也不敢马虎对待了，他知道上司要他拿出自己真正的实力。这次他花了一个星期的时间冥思苦想并仔细斟酌，终于递交了一份精细且完美的方案。当上司接到方案后，问出那句话时，他发现自己是如此期待这个提问："这是你能做出的最好的方案吗？"

"是的。我认为它是我做出的最好的方案！"回答这个提问时，他发现自己原来是如此期待着这个答复。后来，他被通知方案通过了。

两年后，这个年轻人已经成为这个圈中炙手可热的广告策划人。

★职场箴言★

*

在现实工作中总有一些员工容易满足现状，他们希望上司对自己的要求越低越好，于是经常为自己的不完美找寻借口。到了最后，那些力所能及的事情对他们来说也成了很难完成的事情，而等待他们的结局一定不是加薪和升职。

*

No Excuse！

14．消灭自私自利的借口——"各扫门前雪，别人的事与我无关"

"各扫门前雪，别人的事与我无关"、"做好自己的事就好"、"不要多管闲事"……作为一名企业员工，这些是不是你在工作中为自私自利寻找的借口呢？

在我们的传统理念中，曾有过"各人自扫门前雪，莫管他家瓦上霜"的处世方法，但在现今这个竞争与合作并存的年代里，它绝不该成为一个优秀的职场人自私自利的借口。

在职场中自私自利会让很多员工错失良机，笔者的一个朋友就曾经历过这样一件事。那年公司要进行企业改制，需要人员重组，当然也借机淘汰很多在工作上没有什么突破，对公司没有任何贡献的员工。

当时公司人事部的会议厅里聚集着很多人，其中一部分人是从地方分公司来的生面孔。大家聚在一起，等待接待人员召唤自己进部长办公室面谈，在座的每个人都为自己的前程深深捏了一把汗。

在去部长办公室前，大家需要填写一个表格。在朋友刚刚填完表格等候通知的时候，一个生面孔慌慌张张地闯了进来。

"请问，谁的笔可以借我用一下？我的笔正好没有水了。"那人很紧张地向在座的人求助。

也许是因为大家都在担心着自己的前程，也许人们认为这样至少可以确定一个被淘汰的人。这样他们之中则可以多出现一个被留下的人，而这个人很有可能就是自己。总之，如此多的人中竟然没有一个站起来表示要把自己的笔借给他的。

"请用我的笔吧！"朋友终于站起来说，"只是我的笔可能水不多了，但应该可以勉强写完你的表格！"

那人对朋友深深鞠了一躬，并使劲握了握朋友的手，说道："祝你好运！"并露出了一个意味深长的微笑。

后来朋友终于知道那人为什么向他露出那样一种微笑了，答案就在他

No Excuse！

跨进部长办公室接受面谈的那一刻揭晓了。向他借用钢笔的人竟然坐在部长的旁边，他还很戏剧化地冲着朋友晃了晃手中的笔。

朋友就这么简单地从被淘汰的危险中获胜，并获得了一次升职。那个向他求助而又救他一命的人正是新上任的人事部主任，他们因此还成为了好友。

朋友后来问起当时的情形，人事部主任表示作为一家大企业，判断一名员工是否合格绝不单单看他是否对公司做出过卓越的贡献，还要看他是否能在集体中剔除自私自利。

在职场中自私自利的人总是以自我为中心，喜欢跟着自己的感觉走，而从不考虑其他人的感受。比如，同事聚餐他们要决定目的地，工作中也随时会自作主张地改变工作计划。而且从来不受任何人和事的束缚，因此也时常表现为对工作不太负责。

自私自利的人太过于以自我为中心，总是随着自己的情绪做事，要所有人都配合他。在对待公司的规章制度上也常常表现为不尊重和轻视，很多时候，这种态度会影响公司的整体运作。

玩世不恭并缺乏责任感，一切以自身利益为核心，这是自私自利者在工作中的表现。

"流自己的汗，吃自己的饭"，在职场中一名员工按劳取酬、多劳多得无可厚非，但是这并不意味着就可以把它当作自私自利的借口。企业是一个集体，是一个团队。作为团队里的一分子，每个人除了各司其职外，还需要互帮互助和团结合作，这样在大家的共同努力下企业才能发展得更快、更好。

★职场箴言★

*

朋友说，没想到一支笔救了他的命。其实救他命的不是那支笔，而是那支笔背后蕴含的深意。或许朋友当时的确没有想太多，但的确做出了许多人都没有做出的举动。这个小小的举动显现了他被企业看重的优秀品质，即关键时刻要摒弃一切以自私自利为目的的借口。

*

No Excuse！

15．消灭不专业的借口——"这件事情糊弄糊弄就得了，没有多少技术含量"

"这件事情糊弄糊弄就得了，没有多少技术含量"、"这个工作很简单，不需要多少专业知识"，你是否在工作中曾为自己的不专业找过这样的借口。或者你是否认为自己的工作是小事一桩，因此常告诉自己工作差不多就行了。不用太放在心上，于是从来没有认真对待过。

战场上无小事，这就要求每一名战士必须认真坚守岗位，以一名专业军人的素养时刻保持警惕；否则就有可能使自己的军队全军覆没。

在职场上也是一样，每名员工都必须以一种专业的态度对待自己的工作，不能应付了事；否则就有可能给企业带来巨大的损失。

自笔者经营公司以来，遇到过各种各样的员工。他们有的热情奔放，有的积极向上，对自己的工作认真负责。但是也经常会有这样的员工，他们似乎每天都能按时打卡上班，但却从来没有及时完成过自己的工作；他们看起来忙忙碌碌，却实际上从不认真尽职尽责；他们总会这样告诉新来的后辈，这工作没有什么好做的，谁都能做，不需要太专业的水平……

小林就是这样的员工，他是公司的后勤人员，负责一些日常杂事。有一天，他找到笔者诉说自己的苦恼，他是这样说的："我感觉自己活得很没意义，就拿今天早上说吧。早晨的闹铃响了好几遍，我才从床上挣扎起来。等我刷完牙洗完脸之后，坐在饭桌前脑子里的第一个感觉就是痛苦的一天又开始了。然后我就像平常一样，匆匆忙忙地赶往公司。40分钟后，我神情恍惚地坐到自己的办公室。我感觉自己的工作没有丝毫的挑战性，整天就是处理一些杂七杂八不需要花费任何精力的事务。我的心情糟透了，甚至希望世界末日早点到来。等一天快结束的时候，我只需要胡乱填上几笔报表数据，如用了多少电和水等。然后查看一下谁领走了一些什么东西，剩下的东西还够多少人多长时间使用并计算一下下次购买的日期。总而言之，一天就这样过去了，可是我为什么会有这种沮丧的感觉呢？"

笔者不知道小林是否真的期待自己的回答，但笔者还是以一个朋友而

No Excuse !

不是老板的身份这样回答："你从心里认为你的工作无足轻重，这是问题的根源。你认为后勤工作只不过是像个家庭主妇一样处理一些闲杂事务，没有任何技术含量。因此你的工作没有挑战性，你的生活没有变化，从而让你的心情浮躁。"

小林若有所思地点点头，不知道是否真的同意笔者的说法。笔者继续说道："其实每一项工作都有其重要性，不然这项工作就没有存在的意义了。就拿后勤工作来说，公司有了你，那么其他人才没有了后顾之忧，才能安心地做好自己的本职工作。而且你的工作同样具有很强的专业性，并不是所有人都能取而代之并做好这项工作。它需要缜密的条理性，需要超强的记忆力，更需要一颗负责任的心。如果有一天你不在了，有可能公司的人就吃不上水，用不了厕所，甚至突然停电而无法继续办公了。"

笔者不知道那天的话有没有对小林起作用，但笔者看出来小林在工作上变得积极主动了。好几次笔者发现所有员工都走了之后他会悄悄地查看办公室的电源是否已经关好，空调是否漏电，水龙头是否漏水，马桶是否疏通等。

几个月后，笔者看到小林的名字印在了最佳员工奖的第一名的位置。

★职场箴言★

*

不要为自己的不专业寻找任何借口，这个世界上不存在不专业的工作。任何一名优秀的员工，在自己的工作面前都应是专业、认真并负责任的。一年365天，他们就这样认真和踏实地工作着，并且每一天都在为提高自己的专业水平而努力。

*

No Excuse！

第二章 职场体现人生最大价值，努力工作绝不找借口

No Excuse！

1．爱岗敬业做职场模范，没有任何借口

上名牌大学并学一门技术都是为了找个好的工作，即一个好单位。一个良好的工作单位能更好地实现人生价值，工作是创造和实现人生价值的最佳途径。

最大价值不是凭空而降的，爱岗敬业做职场模范，是每名有追求的职场人士应该拥有的方向和态度。

一名真正想实现并达到自己人生最大价值的职场人士，肯定不是一个善于为工作找借口的人。

有句话说得很好，你怎样对待工作，工作就怎样对待你，你从工作中得到的绩效和实惠取决于你对工作的热情和责任。

你的热情"打折"，你的责任贬值，你的绩效和实惠也都会随之改变。

(1)只有"爱岗敬业"，才能立足职场，成为笑到最后、笑得最开心的那个人

"没有任何借口"是一种优秀的职业素养。众所周知，人的生命是有限的，而我们能够投入到工作中的时间也是很有限的。当我们真想做成某件事情的时候，往往会觉得时间很仓促，很多想法和目标根本来不及去实现，因此，如何把这有限的时间投入到工作中是值得我们认真思考的一个问题。

2008年的时候，笔者去云南旅游顺便到一个朋友的公司去转了转，这个朋友是一家外贸销售集团的副总裁。朋友相见格外开心，这个朋友在饭店宴请笔者。

酒席间，有一个从农贸市场摆地摊最后做到外贸销售集团总裁的赵先生给我留下了很深的印象。学历不高且出身农村的赵先生初中还未毕业便因为家境贫穷和父亲生病不得不辍学回家，承担起家庭的重任。为了给父亲看病，赵先生在农贸市场的一个小角落里摆了一个小地摊贩卖从其他地

No Excuse！

方淘来的衣帽和日用品。虽然摆地摊赚不了几个钱，但是赵先生内心里仍然满怀豪情与梦想。

父亲的病给了他诸多的担心和害怕，也给了他刺激和振奋，一个连自己的父亲看病的钱都赚不出来的男人还是男人吗？眼看着父亲没有钱看病，这是不是一种耻辱？难道摆地摊就发不了家吗？难道我要穷一辈子吗？摆地摊的时候赵先生一直在琢磨这些问题。

有一天，赵先生想通了。他认为上苍给每个人的机遇都是一样的，就看我们是否有心抓住，就算摆地摊也要摆出个不一样的感觉来。赵先生的心态转变了，工作态度也立即变了。他放下所有的拘束和自卑，每天都起早贪黑地批货、卖货。并且热情饱满地对待每一位顾客，周到细致地服务客户，用心记住每位顾客的需求。甚至为了替一位顾客找一双手套，他连续跑了10多天的市场。

赵先生的生意慢慢有了起色，他的客户一多，很快就有些供不应求了。赵先生就从老家把表妹带过来，重新承包了一个摊位让表妹替自己照看。很快赵先生又承包了3个摊位，一年之后就在农贸市场买了经营店铺，他的生意逐渐兴隆红火起来。拿到第一桶金之后，赵先生又成功地吸引到了外来投资，顺势成立了外贸集团。

市场是很公平的，你有产品，有好的服务，客户就认你，你的买卖就会比别人好。生意是这样，职场也是这样。

一句话，就是我们需要一个态度，一个最根本的投入现实工作的态度。爱岗敬业，这句最平常、最朴素无华的话语却道出了一个人成功的真谛。

(2)理想很饱满，但是现实很骨感，再好的理想没有行动也是水中花镜中月

很多年前，在老家笔者认识了一个朋友，他是个很上进的小伙子，有很多的想法。每次见到笔者，他总是请教很多问题，并且汇报他的工作和事业情况。每次与笔者谈话，他都热情洋溢，他的一揽子计划和打算也时常让笔者为之开心和赞叹。

看到他这样有上进心，有想法，笔者也很开心。毕竟年轻人想进步、有追求是值得肯定的事情。看到他这样的激情和进步，笔者总是鼓励他，每次都和他聊很久。

No Excuse !

这个小伙子在长达5年的时间里待在一家设计公司做设计,5年中他没有动过换工作的年头,与他的念头一样没有动过的还有他的薪水。他说之所以没有换工作,是因为在这里没有压力,老板也还不错。他想再练习下手艺,积累一下资本,打算自己出去创业。

每次听他这样说,笔者也都是很肯定地加以鼓励。并且从精神上引导他,使其看到自己的优势,鼓励他抓紧时机好好发展自己,做自己想做的事。可是他一直没有采取决定性的行动,以至于我们俩的话题在几年时间里一直都在可笑地重复着,而其状况也一直没有任何的变化。

后来笔者遇到了他的老板,老板说他被公司辞退了。因为客户对其作品很不满意,投诉率很高。客户认为他的设计跟不上形势、太落伍。因为他长期不出单,公司也只能辞掉他。

知道这件事之后,笔者的内心生出万般感慨。这个世界上有理想的人远远多过没有理想的人,可真正实现理想的人却是非常少。

有些人只是去想、去憧憬、去打算,却没有想着要去实现自己的理想。他们因为所谓的理想和志向而忽略了离他们最近的那份工作和事业,没有意识到实现理想要从脚下、从眼前开始,即做好自己手头的事情,再去追求理想。如果连爱岗敬业、做好自己的本职工作都做不到,又有什么资格和能力去超越自己,走出现实并实现理想呢?

大事做不了,小事做不好,却认为"老子天下第一",老幻想"做一番惊天动地的大事业"。总想一夜之间彻底翻身改变自己的命运,可能吗?

从赵先生和笔者的这个朋友那里我们能想到很多。在这个世界上每个有理想、有追求且不甘平庸的人都是值得我们尊重和鼓励的。但是仅有想法还不够,必须要立足现实,付诸行动。从爱岗敬业,不找借口开始,从做好每件小事开始。

此外,追求理想的方式及对待工作的态度决定了未来我们与他人的差距。笔者老家的那个朋友一直沉浸在幻想中,有憧憬无行动。最终缺乏赵先生那样的魄力和执着,贻误了时机,成为一个只想不做并只用嘴巴创业和发财的"空谈派"。

这两个人谁最有资格享受成功,谁最可能成功,时间已经做出了最好的解释。从他们的遭遇里我们也可以看出,只有立足现实,爱岗敬业,并做职场模范,才能实现职场和人生价值的最大化。

> *No Excuse !*

★ 职场箴言 ★

*

请永远记住下面的忠告。

你让工作"打折",就是让人生和你的理想"打折"。

你在工作中"贬值",你的人生必然"贬值"!

要让人生价值最大化并在职场中立足,就要在工作中"没有任何借口"全力以赴地投入战斗,这样才可以笑到最后并笑得最开心。

*

2. 优秀员工找方法,平庸员工找借口

有一位励志讲师说过这样一番话:"一名爱找借口为自己开脱的员工,永远也难以成为职场佼佼者;一个一味寻找借口的企业也永远难以成为杰出的企业,这是一个不是定律的定律。"

好逸恶劳和推卸责任是人天性中的弱点,任何一个人在面对挫折和失败的时候内心都会本能地充满矛盾,并为面临的挫折和失败而深感纠结。是选择面对挫折和失败承担应该承担的责任呢?还是选择寻找借口逃避责任呢?这是每个人内心中都会产生的挣扎。

真正的勇者和智者之所以能经得起折腾和考验,正是因为他们在最紧要的时刻选择了面对挫折和失败并勇敢地承担自己应该担负的责任。在这种责任感的驱动和鞭策下走得更远,这是他们脱颖而出获得成功的关键。

与此相反,那些选择寻找借口、逃避和放弃责任的人将因为自己的退却和放弃而失去更多的机会和好处。生活是公道的,没有付出便没有收获,没有承担便没有回报。

笔者在职业生涯和管理企业的过程中见过很多为借口所累的员工,也见过很多为借口所惠的人。

很多员工之所以一生平庸,其原因就在于他时刻都活在借口中。而从未想办法解决问题,提高自我。当上司布置给他们的工作任务没有及时完成的时候,他们会推脱说这是因为时间太紧张或是公司支持不给力的原

No Excuse !

因；当业务绩效不好的时候，也会说是同事配合不给力或者客户不合作的原因；当工作出现偏差时，他们也总是给自己找一些借口开脱。如自己情绪不好或者状态不佳。无论怎样，他们会把自己出现失误或者失败的原因归咎于别人或者其他因素。总之，所有的失败都能找到充足的借口。于是他们就在种种的借口中安慰自己的无能，期待能够得到解脱。

其实这样的员工注定是一个业绩平庸的人，他在公司或者上司的眼里完全没有任何地位和分量，是一个可有可无的人。

在笔者成立公司开始创业的第一年招聘了一个叫罗海的员工，他是公司里年龄最大的一个。笔者之所以招聘他到公司，除了他在原来的公司专门负责业务、经验丰富之外，还因为其忏悔。他是个很诚实的人，来公司面试的时候就告诉笔者他是被之前的公司辞退的，因为他总是找借口推卸责任。在被公司辞退之后，他幡然悔悟，决心改过，做一个不找任何借口的人。即不为任何理由所动，积极投入工作，希望笔者能给他这个真心改过的机会。

罗海曾经是那个公司的功臣，在仓库看守货物的时候，因为和抢劫货物的歹徒做斗争被歹徒砍成重伤。并且留下了后遗症，每到阴雨天身体就不舒服。自出事之后，原本兢兢业业的罗海在思想上起了很大的变化，每当任务重的时候他总是以自己身体的原因找借口。公司老顾及其曾经的功劳和实际的身体状况，给了他很多的关照，并减轻了一些担子。

罗海变了，开始习惯性地把大部分心思花在如何寻找合理借口推卸责任上。碰到难办的业务能推的就推，好办的差事能争的就争。就易避难，趋近避远。自此，他的工作业绩直线下滑，甚至连正常的工作都完成不了。最终他成为了一个无法担当重任、无法跟上团队步伐的闲人，为公司所淘汰。

后来罗海认识到了自己的错误，有问题的不只是身体，更是自己的心态。身体有问题并不可怕，心态有问题就很可怕了。

美国作家理查德·泰勒在其著作《没有任何借口》中说："你若不想做，会找到一个借口；你若想做，会找到一种方法。"

有这样一个众人都熟悉的故事：1956年福特汽车公司推出一款新车。虽然公司的设计人员在这款车的式样和功能上都下了很大的功夫，做了很多的创新，并且价格也很实惠，但是顾客却并不买账。

No Excuse！

这个结果让公司管理层很是诧异，但是却想不出提高销售量的更好办法。新产品刚上市就遭遇了挫折，严重地打击了众人的信心。

谁也没有想到，这个难题让刚来公司见习的一个大学生解决了。这个刚刚大学毕业的见习生就是艾柯卡。

艾柯卡得知新产品销售受挫的消息之后，一直在心里琢磨如何想办法让新产品畅销来为公司解决难题。一天，他径直来到总经理办公室，向总经理提出了自己的想法。他向总经理建议："我们应该在报上登广告，内容为：'花56美元买一辆56型福特'。"

艾柯卡的想法是，谁想买一辆1956年生产的福特汽车，只需先付20%的货款，余下部分可按每月付56美元的方法逐步付清。他的建议被公司采纳，"花56美元买一辆56型福特"的广告引起了人们的极大兴趣。奇迹就因为一句简单的广告词产生了，短短3个月的时间，该款汽车在费城地区的销售量从原来的末位一跃成为冠军。而艾柯卡也因此受到了公司赏识，总部将其调到华盛顿，并委任其为地区经理。很快艾柯卡不断地根据公司的发展趋势推出了一系列富有创意的营销策略，最终脱颖而出，坐上了福特公司总裁的宝座。

从艾柯卡身上我们能够看出，在工作中主动想办法解决问题的人最容易脱颖而出，也最容易得到公司的认可。

工作中我们最缺少的正是那种想尽办法完成任务而不是去寻找任何借口的人，这正是我们的敬业精神和执行能力的标准体现。

乔治·华盛顿·卡佛说："99%的人之所以做事失败，是因为他们有找借口的恶习。"事实证明，我们将为自己的借口付出巨大的代价。勇敢地接受任务并千方百计地解决问题和履行职责是成为优秀员工的不二选择。那些最成功的人、那些获得最终胜利的人就是那些主动寻找方法的人。纵观这些人的奋斗成功史，就是一段段不断用方法来改变命运并获得成功的历史。

★职场箴言★

*

结果决定一切，工作面前没有任何借口。当一名员工开始制造和借助一个又一个的借口来掩饰自己的失误并推卸自己的责任的时候，

No Excuse！

其事业的失败和沉沦就开始了。再圆满、再正经、再重要的借口最终都是借口。

借口在一些人那里是拦路虎，在另外一些人那里却是机遇之灯。当一个人沉浸在借口中以各种借口麻痹自己、放任自己依赖借口逃避问题的时候，他就像一个喝下毒酒的人，最终只能毒发身亡。

*

3．喜欢找借口的员工都是空谈派

跨进职场，相信每名员工都会怀揣梦想。有些人的梦想很务实，如赚钱为父母买大房子；有些人的梦想很伟大，如做一番大事业。可是一旦进入职场，不少员工就被这样那样的借口左右了，于是一切梦想都成了空谈。

（1）为自己的失职寻找借口

"这事与我无关"、"这是别人负责的吧"，空谈派喜欢为自己的失职寻找各种各样的借口，无非就是想推卸责任。

在一个团队中，如果一个人总是将自己负责的事推向别人，那么时间久了必然会失去同事和上司的信赖。如果人人都这样找借口，一遇到问题就把全部责任推到别人身上，那么这个团队将失去协调作战的能力。而这正是一个团队和一个企业赖以生存和发展的根基，失去了这个根基，企业无法生存和发展，员工也就失去了赖以生存及追求梦想的平台。

（2）借口容易养成拖延的习惯

空谈派常用的借口就是"时间不够"，他们声称自己想开一家公司，想写一本书，想发明一个新玩意，但就是没有时间去做。

富兰克林说："把握今日等于拥有两倍的明日。"然而很多员工不明白这个道理，总是为自己要担负的任务寻找借口。结果找一个借口把今天该做的事情拖到了明天，明天该做的事情拖到了后天。时间久了，借口就成了拖延的直接诱导因素，使人们丧失了主动的进取心，于是一切就都在寻

找借口和拖延中成了泡影。

(3)借口让人变得不思进取

稍稍留意就会发现，那些喜欢找借口的空谈派都是不思进取的。在工作中他们缺乏一种创新精神，借口束缚了他们前进和改变的脚步；在生活中他们依然不愿意有任何变动，从而更加深了他们在工作上故步自封的观念。

结果这样的员工永远没有办法开拓新的领域，永远在做着原地踏步的运动。过去的经验、规则和思路成了他们幻想的温床，他们口中对未来的规划和对梦想的憧憬都成了空谈。

(4)借口阻挡了前进的脚步

有理想，好！那么剩下要做的就是不断在学习和经验中丰富和完善自己，使得自己与理想越来越近。

如果一名企业员工经常认为自己能力很强，办事情很出色，那么就永远认识不到自己需要学习和进步。而这更不可能是一种自信的表现，充其量算作一种不思进取的借口。要知道没有谁有非凡的能力，只有以一种积极的心态学习和进步的人才能最终实现梦想；否则梦想永远就是一种无法实现的空谈。

(5)借口让失败变得无意义

我们常说："失败乃成功之母。"的确，失败并不是一件毫无意义的事。但是在工作中总有一些空谈派有本事将失败变得毫无价值，而且其手段只不过是一个借口。

"不要妄想赶上人家，我们比人家落后一大截"、"我们的实力的确不如人家，所以还是算了吧"，为了避免或逃避失败，空谈派会为自己找出多个理由。不敢面对失败，不愿接受惩罚，很大一部分原因是出于人类的本能。但是人类就是在克服本能的过程中得到进化和发展的，也正是这种善于总结失败教训的精神使得人类掌握了历史的车轮。

可是借口让这一切变成了空谈，回到荒蛮的远古时代。人类的始祖哪怕只有一次逃避"天火"的迫害，那么也就不可能获得"钻木取火"的巨大进步。

"这个恐怕行不通"、"理想很丰满，现实很骨感"、"听起来不错，只不过这根本不可能成为现实"……爱找借口的人都是空谈派，他们嘴里所

No Excuse !

谓的"现实"其实根本不存在，那只是他们逃避实干的借口，或只是为自己的无所作为开脱。

★职场箴言★

*

贝多芬不是空谈派，不会因为自己耳聋就为自己找借口，因此他能扼住命运的喉咙，奏响生命交响曲；霍金从来不会因为自己坐在轮椅上为自己找借口，因此他完成了连常人也无法完成的奇迹；三毛的沙漠之行不是空谈，因此她写出了《撒哈拉的故事》……

"丰碑无语，行胜于言"，这是一句清华校训。不为自己找任何借口，抓紧时间埋头苦干，梦想才有可能实现。

在职场中不做空谈派，做到"无语丰碑，言胜于行"才能真正成功。

*

4．清零借口，发展自己高于一切

一位前辈的儿子刚刚从德国读完电子机械化回国，凭借国外留学的经历，他毫不费力地进了一家大型跨国企业。

开始公司总让他处理一些诸如打印文件和整理档案等无关紧要的小事。年轻人对此很不满意，多次写建议书说自己想要得到更好的发展，并且可以胜任更重要的职务。可是每次建议书都被退了回来，而且还在信封的背面打上了一条标语："消灭一切借口，才能得到发展的机会。"

在一次计划招标会上，他把自己熬了几夜精心准备的企划案交了上去，一心以为可以博得上层领导的赏识。可是没想到第二天领导交到这个年轻人手里的一纸公文竟然是解聘通知书，连带一起的还有他的企划案。原来在这个企划案里，他犯了一个很小却很严重的错误——他竟然把"进口"写成了"出口"。无论是手误，还是真的把"进口"当成了"出口"，他都没有办法为自己再找借口了。

No Excuse!

为自己寻找借口是一种不好的习惯，一旦养成就会让你的工作失去效率并阻碍你的发展，因此一名合格的员工应该清零自己各种各样的借口。当你发现自己已经戒掉寻找借口的习惯时，你就再也不会为工作中出现的问题而沮丧，因为你可以在解决大量问题的过程中总结出解决疑难的技巧。一旦进入这样一个良性的循环，借口就会离你越来越远，而成功就会离你越来越近。

如果不能一次性清零所有借口，你则很难进入这样一种良性循环中。长时间为自己寻找借口就会形成一种不自觉的行为习惯，这是有深刻原因的。

比如，在工作中某名员工经常以某种借口为自己的过错和应负的责任开脱。第一次这名员工会为自己蒙混过关而感到庆幸，这种美好的感觉会在其潜意识中遗留下来。那么在以后的日子里，时机一到，它就会钻出来，让这名员工尝到第二次、第三次，甚至多次"好处"。慢慢地，借口就腐蚀了心态。

一旦消极的心态产生，工作就会变得拖沓而没有效率，甚至会让人消极而最终一事无成。

寻找借口经常会让人失去发展的机会，对这一点，笔者深有体会。

有一次，笔者的客户推荐笔者参加他们公司举办的一个项目推介会。由于时间紧迫，笔者只挑选了一些自认为有可能会得到合作机会的项目浏览了一遍。

结果事情却出乎意料，客户对另外一些项目更加关注，因此推介会马上就笔者没有浏览到的内容开始讨论。对方派了一个叫"小李"的人讲解公司对项目的一些想法，对此笔者几乎一无所知。正在笔者越听越糊涂，想赶紧翻阅一下项目书的时候，客户向笔者发问了。

"那么，您认为小李的看法怎么样？"就是这么突然，笔者就像是从睡梦中惊醒一般。稍微整理了一下思路，胡乱说出了几条没有建设性的看法。

其实在说的过程中笔者就已经方阵大乱了，甚至想向客户道歉，承认自己没有看过这方面的资料。可是笔者没有那么做，而是为自己找了借口，仍然抱着一份侥幸的心理准备蒙混过关。

几个星期过去了，客户自然再也没有与笔者谈起过这些合作项目，而

No Excuse !

笔者也失去了一个信赖自己的客户。这件事之后,笔者告诉自己,没有什么比发展自己更重要,一定要清零借口。如果当时笔者没有因为忙而少看几眼项目书,就不会在会场上不知所措;如果笔者当时没有为自己找侥幸的借口,就会坦白自己还没有看项目书,那么事情可能还有挽回的余地。可能客户会答应等笔者仔细看完项目书后再做商讨。但一切都已经来不及了。

不知道是不是客户故意安排,几年后当笔者再次有机会与这位客户合作时,他送给笔者一份礼物,礼物附带的卡片上这样写道:不要找借口,只管说"不知道!"

★职场箴言★

*

为自己找多了借口,必然会影响一名员工和企业取得进步和赢得发展的脚步。就像清除恶习一样,喜欢为自己寻找借口的员工应该将借口清零,让它脱离你的工作轨道。这样它才会离你越来越远,而成功也就会离你越来越近。

*

5. 借口不是挡箭牌,问题和困难是逃脱不掉的

一名不负责任的员工在遇到问题和困难时往往会为自己找出很多借口来逃避,但是借口并不是挡箭牌,要解决的问题和困难不会因为一个借口就消失掉。如此一来,问题只会越积越多,困难则像滚雪球一样越来越大。

小罗来到公司的时候,还是个刚毕业的孩子。她活泼奔放,充满朝气,可是后来笔者才发现她并不具备成长为一位优秀职业女性的潜质。

小罗是家中的独生女,家中环境富裕,这让她接受了很好的教育。可是家人对她的百般宠爱,使其在以后的工作中暴露出了许多缺点。

进入公司后,她发现自己不再是一名受优待的孩子和优秀的学生了。

No Excuse !

开会时,她甚至得不到一句发言权;工作中,经常遇到问题和困难,不是领导说她没有创意,就是前辈对她指指点点。

小罗不能忍受自己的工作和生活被问题所充斥,时间一长,便对工作失去了新鲜感。只过了两个月,她就开始消极怠工。并且总为自己的迟到找一些理由,要么就是在问题面前退缩。当领导批评其工作时,她会为此找出一大堆的借口,甚至搬出别人做挡箭牌。

就在前不久,在笔者找小罗谈心的时候,她提出了辞职。笔者想小罗还需要经历一些曲折和历练,这样她才能变得更成熟,遇到问题时才不会只想着找借口逃避。

当预期的工作环境发生变化、寻找借口逃避成为唯一的选择时,员工就已经陷进了借口的怪圈中。就拿小罗来说,尽管她在工作中有一些不尽如人意的地方,但是这些都是职业场合中普遍存在的问题。她不能以一名职业者的心态来对待这些矛盾,这是使其对自己的工作丧失兴趣和热情的关键。

不要为问题找借口,很多人在出现问题之后常用的一个借口就是:"我没搞清楚问题,所以才没有把工作做好。"其实并不是因为不清楚问题才没有把工作做好,而是因为不清楚责任才没有把工作做好。作为一名优秀员工,有必要时刻搞清楚自己的责任。

对自己的职责不清楚,那么就相当于不知道为了什么而工作,也就不会把企业的利益放在第一位。如果一个企业没有员工来承担责任,就像鱼儿离开了水一样。

因此合格的职业者不要拿借口当挡箭牌,有问题时就应该勇于承认并勇敢改正。因为问题只有在解决之后才会消失,而不会因为一两句借口就消失。

没有人甘愿充当替罪羊,不负责任的员工在事情出现问题时马上就把责任归罪于客观因素或者他人。

"别人的错,与我无关"、"客户太挑剔"、"上边没有交代清楚"……在老板看来,这些借口并不能掩盖已经出现的问题。这些理由不会减轻你所要承担的责任,更不会找人替你承担责任。

一味强调别人出现问题,而自己不会出现问题,从而想借机把问题引到其他人身上时,倒不如想一想怎么做才能解决问题,把眼前的困难降到

No Excuse！

最低。

寻找借口并不能让你的能力有所提高，如果说人们想通过寻找借口来掩盖自己的能力不足，那么恰恰相反，借口只能将你的能力不足最大限度地暴露出来。因为选择寻找借口来逃避问题和困难，就是不相信自己有解决的能力。

更有的人会这样为自己打圆场，如"哦，可能是我太粗心了"、"我做事不够认真"、"我不是故意的"……无辜的解释的确很让人同情，但是问题还是逃不掉。一旦因为自己的不小心再次造成巨大的失误，无辜的借口就再也不能成为挡箭牌了。

★职场箴言★

*

困难不会因为员工的一两句借口就消失，因此作为一名优秀的企业员工，应该直面一切问题和困难。当你努力把问题承担下来时，会发现一切问题都迎刃而解了；如果一直努力寻找借口，那么问题和责任只会变得越来越多，越来越不可推脱。

*

6．成绩和结果不是"踢皮球"踢出来的

在职场里拼搏，人人离不开合作。既然一项工作需要合作完成，那么每个人都需要履行自己应当肩负的责任。如果人人找借口，互相踢皮球，只想着把责任推给别人，就永远不会出成绩。

每到年关，各家企业都要召开一次总结大会，朋友所在的公司也不例外，可这个时候也是企业各个部门负责人最紧张的时刻。有问题的企业部门负责人需要向更高一层领导检讨，更高一层的领导会向投资者或董事会检讨。可是没有人愿意承担责任，于是一层一层的检讨仪式就像一场足球赛一样展开了。

朋友说，年终总结大会都成了推卸责任大会。各部门的负责人不是想

No Excuse！

着如何把总结做好，而是在研究如何把球踢向别人。其实找理由和踢皮球的目的只有一个，就是不要让那倒霉的"问题皮球"传到自己面前。

作为下级，给上司一个圆满解释的理由，那么这个"问题皮球"就会转移到下一个部门；否则，这个问题皮球的根源就会被认为在这个不能够解释"问题皮球"的部门身上。一旦不慎将"问题皮球"抱回家，就意味着年终奖要泡汤，而且有些人将下岗。

推卸责任和踢皮球的问题几乎遍布所有企业，3个和尚的故事相信人们都很熟悉，可是这样的教训却屡屡出现在我们的企业及员工身边。一个人敷衍了事，两个人互相推诿，3个人则永无成事之日。那些爱找借口推卸责任的员工，就在踢皮球的过程中错失了成事的良机。

在任何企业中每一名员工都承担着相应的责任，每个人的责任得以履行才能使得企业发展。任何一个人对责任的懈怠和互相推卸责任都会导致恶果，而不是成果的产生。

每一个老板都清楚自己需要什么样的员工，如果你常常趁着上司不在的时候开小差，或者总是为自己不能按时完成任务而寻找借口，或者等问题来了却把自己的责任踢向一边，那么你一定离"被辞退"不远了。

一个朋友找笔者大倒苦水，说现在的员工越来越会推卸责任了，好员工真难找。原来最近他策划了一个经销商会议并在外地举行，根据往年的业绩，一个经销商会议一般可达成500万的销售额。今年他加大了投入，在去年的基础上预测今年的销售额可达800万。可事有不巧，会议迫在眉睫他却临时有事，于是他就安排一位可以信赖的副总负责会议。

会议结束，朋友的事情也忙完了，本以为可以见到副总凯旋归来。没想到副总无精打采地走进他的办公室告诉他这次会议只完成了300多万的销售额，连保守估计的一半都没完成。听到这个消息，朋友疑惑不解。事情已经安排妥当，他想不明白为什么会出现这样的结局，于是他问道："为什么搞成这样？"

副总为其展示了一大堆为什么搞成这样的理由："因为这次选的场地不好；这次请的讲师讲得不好，没有煽动性；再者，现在市场竞争也越来越激烈，没想到竞争对手低价促销……"

"够了，如果你带领团队，各自负好了责任，这些没有建设性的理由一个都不会发生！"朋友一时气不过，拍案而起，大声说道。

"好吧！我能力不够，我没有履行职责！可你干什么去了？"没想到副总也很生气。可想而知，最终两人大闹一场，不欢而散。

其实，这位朋友只看到了他的副总不负责任，而忽略了他也在推卸责任。"为什么搞成这个样子？"这个提问就是他在将事情的后果一脚踢给了副总，副总自然会感到不服气。"本来这个事情就是你定的，现在却想撇清责任，把问题都推到我的头上！"副总会这样想，于是闹得两个人不欢而散。

也许，他当时没有那么问，而是说："请把事情的经过详细说一下。"副总一定就会将事情的经过详细报告一下，而不是慌忙地推卸责任了。

★职场箴言★

*

在职场中每个人只有将自己应当履行的责任承担起来，才能将每一项工作做出成绩和结果，如果员工之间或者是上下级之间互相踢皮球推诿责任，那么就不会获得任何成果。

作为一名优秀员工，只有努力工作不为推卸责任找任何借口才能在企业中有所得，才能在职场中体现自己的最大价值。

*

7．借口越多，漏洞和失误就越多，你就越倒霉

周一是开例行会议的日子，小赵是今天会议上的发言人，可是当他推开会议室的门时会议已经进行过半。

"怎么迟到了？"笔者打断会议，问小赵。

"地铁突然停了，我等了好一会儿才开。"小赵故作镇静地回答。

面对这样无理的借口，笔者无话可说，点头示意小赵进来。小赵在同事们的注视下很不自在地走到座位旁，深深呼出了一口气。笔者想此时此刻，小赵也许正为刚才的借口庆幸。可是借口只能是借口，笔者作为领导没有被其借口唬住。

No Excuse !

此时发言人讲话完毕，笔者记起上周五下午让小赵把本月的销售回款情况做成表格，以便周一例会用。于是笔者把头再次转向小赵："销售回款表呢？"

"嗯……就快做完了。"小赵低声回答。

"就快做完了？"笔者紧跟一句。

"周五没做完，因为直到下班，各个部门才把我需要的资料传递给我。我周末想在家做，可是家里的网突然断了……"

笔者不耐烦地挥了挥手，示意他不要再找借口了。小赵的借口已经够多了，笔者都能替他把借口说下去了。不是断电就是断网，要么就是亲戚突然来访……

周二上午，小赵终于把表格交到了笔者手上。这时笔者又想起周一会议上让小赵针对总结上来的上个月的销售报表，为下个月的销售任务制订一套方案。

"方案做好了吗？"笔者问道。

"唉！别提了，昨天下班前做出了报表，想着晚上回去再连夜把计划方案赶出来，可是我的车在路上被追了尾……"

又是借口，一切都是借口。笔者只能答应他缓两天交方案，可是谁知道两天后他会不会又找借口呢？如爱人骨折住院，孩子发高烧，老太太心脏病犯了……

作为笔者的第一助理，小赵的理由无处不在，他的解释似乎每一刻都在进行。有时候笔者会自我反省，是自己太苛刻还是太松懈，以至于使其失误如此之多。

没有按时完成报表的工作，以至于将方案交付的时间延期，这都属于工作上的失误。找借口，则是为了让自己的失误由他人分担，让自己看起来少一些责任。可是一个借口随着一个失误诞生，其他失误也就接踵而来。然后借口越来越多，失误也就越来越多，而笔者却越来越不相信这些借口。

为自己找理由就是找借口，一旦借口从一开始的掩盖失误逐步沦为制造失误的开端，借口就会越来越多，并且变得难以摆脱。

借口之所以称为"借口"，就是因为其不合理性。不管最初借口如何起到磨合的作用，其诞生本身就是在推卸责任。

No Excuse！

　　要知道，在职场中不是事出有因就能得到原谅的。你的老板总是与你呈现出一种对应关系，因此他想要的绝不是一个理由和解释，而是解决问题。如果小赵在周一例会上能及时把需要的表格分发下去，那么在周二也就不会出现拖延方案这种情况了，而且不用再花心思寻找其他借口。

　　及时处理事情和按时完成任务，这些不仅是避免借口，也是根治及消除借口带来负面效应的最终解决方案。

★职场箴言★

*

　　无论是在职场中，还是在生活上，犯错误并不可怕，可怕的是不肯承认错误而一直在犯同样的错误。人非生而知之者，每个人虽然都有失误的权利，但这并不意味着就拥有为失误找寻借口的权利。勇于承认错误，不为自己的失误找任何借口，失误才会离你越来越远。

*

No Excuse！

第二章 服从命令并履行职责，杜绝任何借口

No Excuse !

1．服从命令并履行职责，不找托词

在军队中，军人的天职就是服从命令。不服从命令的士兵的结局只有一个，就是接受处罚，甚至要付出生命的代价。在职场中也是一样，下级要服从上级的命令。只有严格执行命令，才能做到上传下达，成功完成任务。

小贾在一家公司做销售代表，国庆节前夕公司接到了一张订单。根据订单要求，公司需要在一个月内完成生产和销售的任务。时间紧张且任务繁重，更要紧的是在这期间还间隔了一个国庆长假。

要知道，在激烈的企业竞争环境中订单就像是集结的号角，就是命令。为此公司做出了一个严肃的决定，即为了完成生产任务，国庆期间任何部门不得休息，加班加点履行职责完成订单。

这个决定显得不近人情，因为距离国庆长假已经不远了，很多员工已经做好了假期安排。有的为旅行买好了机票，有的报名参加了培训课程，小贾也不例外。早在一个月前，他就与女朋友约好，要在长假期间出门旅行，并且小贾还打算在此期间向女友求婚。眼看着公司的决定让计划泡汤，小贾内心自然非常着急，难道真要错过这个求婚的大好时机吗？

小贾心想自己是做销售的，最需要加班的不是销售部门，而是生产部门。于是虽然没有公开反对加班，但小贾已经有了自己的打算。

9月30日上午，公司召开特别会议，小贾缺席了。会议中，小贾的直接领导接到他从医院打来的电话，说自己一病不起，正在医院接受身体检查。下午，小贾果然拿着医院的证明来公司请假，领导没有对此表示任何怀疑就批准了他的病假。

就这样，小贾度过了一个永生难忘的国庆假期，女朋友答应了他的求婚。然而就在小贾认为一切事情都很顺利时，事情发生了变化。国庆节过后，小贾神采飞扬地来到公司，可得到的却是被解雇的通知。原来小贾病

No Excuse !

重第二天，公司人事部门为了表示慰问，特意派人到他的家里去看望他。结果，从邻居那里得知小贾已经和女朋友飞向了旅游胜地。

作为一名职场人员，小贾没有服从上司和公司的命令，而是制造借口，寻找托词，这让他最终失去了这份工作。

"制度不行"、"政策不好"、"这样安排太没道理了"……你是否会为公司的新命令寻找各种理由而拒绝服从并履行职责呢？

一个高效的企业必然会有良好的服从观念，而作为一名优秀的员工也必须要有良好的服从意识。上司的权威和职责使其具备了发号施令的责任，他也必须严格履行职责，为了企业的利益将命令传达下去。为了不使整体利益受损失，员工就要发挥出超强的服从和执行能力。

一位田径教练训练运动员的第一条准则就是让他们把头发剪短，人们对此不理解，剪短头发与训练有什么关系？教练当然有自己的理由，即问题并不在头发的长短，而是在于运动员是否能坚决服从教练的命令。

一名不合格的运动员也许会为自己的发型找出这样那样的理由，当然不影响训练也很可能就是其中之一。但在教练眼里，这些理由不管是否合理，都是为自己的不服从而寻找的借口。

按照这位教练的观点，不找借口地服从教练的命令才是一名好的运动员。如此说来，不找借口服从并执行命令，这才是企业所期望的好员工。

★职场箴言★

*

在职场中，服从上级命令就是一个职场人应当履行的天职。把每一项工作尽力做到超出领导的预期，最大限度地服从并执行公司提出的命令，帮助领导解决问题并配合同事完成任务，而不是寻找各种借口推诿，这才是一名优秀员工应当具有的素质。

*

2．勇挑重担，就算被命令去摘星星也要摘下来

勇挑重担、坚决服从上级命令是每一名优秀员工的天职。作为员工，若真的有能力和实力，就应该勇挑重担，不管上级的命令多么不合理都要去执行。在执行中妥善地弥补领导的失误，在服从中显示自己不凡的才智，这才是彰显才能的正确方法。而一味地无视领导的命令或想方设法推托，在领导眼里则都是无法完成任务的借口。

小刘是一家贸易公司的秘书，他勤恳能干，总能将总经理布置的任务很好地完成，很快他就成为总经理的得力助手。

有一次，不知什么缘由，总经理和一家长期合作的供应商李总发生了争吵。争吵之后总经理怒气冲冲地命令小刘起草一份文件传送给李总，告诉对方双方终止合作。

小刘接到命令后左右为难，因为他知道一直以来李总都是公司很好的合作伙伴，而且李总的公司也确实很有实力。不管怎么看，失去这样一个好的合作伙伴都是公司的损失。

小刘心想，虽然不知道总经理与李总之间到底发生了什么事情，但两人的关系一直就很好，不会因为一点小事就停止合作的。如果两人过几天消除了误会，和好如初，那起草"绝交书"的自己岂不就成了替罪羔羊？

思索再三，小刘最终决定暂时把命令压下来，不予执行。过了几天，总经理还真的想通了，并为自己做了错误的决定而后悔不已。小刘看到总经理想通了，就告诉他自己当时自作主张根本就没有写这封信。

虽然总经理口头上没表示什么，但小刘打心底里认为老总一定很感激他这么做，说不定明天就能升职加薪了。果然，第二天人事部门就来找小刘谈话。他高兴极了，正在猜想总经理会给他一个什么职位，可万万没想到等待他的竟然是一纸辞退书。

小刘一直到现在也没明白自己错在了哪里？为什么会被辞退？其实他错就错在没有服从领导的指令。

在职场中打拼最忌讳的一点就是"自作聪明"，对领导的命令不予执

No Excuse！

行。很多时候领导的命令一经提出，下属就开始发挥自己的聪明才智拒不执行领导的决策，并且会为此找出一大堆的理由。要知道没有哪个老板会喜欢这样的员工，没有哪个领导会喜欢这样的下属。

即便领导的决策真的有问题，而且领导很可能会中途改变最初的指令，但做下属的也不能擅自做主。要知道没有人愿意别人猜透自己的想法，也没有人喜欢一个自以为是不执行命令的下属。

再难的命令你也应该扛起来，没有任何理由和借口，只需要立即执行，否则即使你的意见是正确的，上司依然会因为你的不服从而愤怒。当领导交代的任务确实有难度时，要有勇气出来承担。事情的结果放在其次，关键时刻显示你的胆略、勇气及绝对服从的精神，这才是一个领导者所欣赏的优秀员工的品质。

★职场箴言★

*

"恭敬不如从命"运用到现代职场中，就是一句至理名言。在员工与领导的关系中，尊重领导和服从命令永远是第一位的，是保持正常工作关系的前提，也是领导观察和评价一名员工是否合格的标尺。因此在职场中不要为你的不执行寻找任何借口，因为你的天职就是服从领导的命令。要勇敢承担职场重任，为领导排忧解难。

*

3．永不满足，潜能是无限的，勤于开发自我

在服从命令履行职责的过程中，一名优秀的职业者是永远不会对自己说："我已经做得够好了。"相反，他们总是认为自己做得不够好，总会暗暗努力："我还可以做得更好！"

球王贝利就具备这样一种精神，熟悉他的人都知道在其足球生涯中共打进了1 200多个球，其中包括许许多多个精彩进球，可是他对此从不表示满意，因为他永远希望下一个球更精彩。球王贝利之所以能成为一代球

No Excuse !

王，多半是靠其永不满足和勤于开发自我的职业态度。

历史的教训告诉我们，满足于现状就容易招致后患。对于一名员工来说，如果认为今天拥有一份固定的工作，每月能按时领到薪水就可以沾沾自喜；或者工作中不出现任何问题，事业中稍稍获得一些荣誉就可以沾沾自喜的话，最终的结果只能是碌碌无为。

只有乐观向上，永不满足，永争第一并充满创新激情才能有不断进取的动力，才会不断地取得新的成就。

笔者为以前的职员小友找到新工作而高兴，小友以前在工作上容易满足。这种态度一直使其不能成为一名合格的员工，这也是笔者辞退他的一个原因。

几个月前，小友很高兴地告诉笔者，他找到了一份很不错的工作。公司老板有雄心壮志，对人和蔼可亲。笔者为此很高兴，并衷心希望他能在新的岗位上有所作为。

可是只几个月的时间，小友就一脸愁容地找到笔者，说自己又失业了。笔者问他是怎么一回事，他说都是几个问题惹的祸。

原来公司的老板一直看不起生平无大志的人，他对小友观察了一段时间说："你满意现在的职位和薪水吗？"小友本来就是容易满足的人，更何况是在老板面前，于是他很痛快地回答："满意。"结果老板马上把他开除了，并且很失望地说："我不希望我的员工这么容易就满足现状，更不希望他们在工作中不思进取。"就这样，小友又一次失去了工作。

平凡的人之所以一无所成，就是因为他们太容易满足而不思进取，小友就是这样对待自己的工作的。

曾有人说过："如果一个人自以为已经有了许多成就而止步不前，那么他的失败就在眼前了。许多人开始奋斗时十分起劲，但前途稍露光明后便得意起来，于是失败很可能接踵而来。"

在职场中有不少的员工没有前进的目标和勇气，他们不在执行任务的过程中争取开发自己的潜能，而是想方设法摆脱困难并逃避责任。

其实，在每个人的职业生涯中都有无数个提高自己的机会。企业要想实现自身发展就需要不断挖掘员工的潜能，只有员工进步了，企业才能得到进步。而那些执着于追求成功的员工就懂得利用这一点来实现自身和企业的同步发展，在工作中他们从不会害怕困难和逃避责任，更不会为自己

No Excuse！

寻找借口，他们把领导或上司下达的每一项极具挑战性的任务当作提升自己的机会而努力执行任务。

如此看来，绝对服从命令和坚决完成任务都可以作为开发自己潜能并提高个人能力的最佳良机。职场人只有消灭那些逃避问题的借口，永不满足并勇于挑战，才能成长为一名优秀的员工。

★职场箴言★

*

一名优秀的企业员工应当有欲望，这是进步的先决条件。一名员工只有时常怀着不满足的心理才能有所突破，有所进取。做得好还要求更好，时时超越自己才能在职业生涯中开辟出一条成功之路。

*

4．细节决定成败，大事小事都精细，不为疏忽找借口

在笔者创业初期曾经因为忽略细节而吃过大亏，那时笔者参加了一个投标，发标单位是曾经合作非常愉快的一位老客户。因为有过很好的合作经历，所以他们特地通知笔者前去投标。

当时由于任务繁忙，所以笔者实在抽不出时间。便决定派一名员工去领标书资料，然后笔者自己做标书，并按照要求安排加工样品。笔者仔细分析了这个工程的特点，花费3个晚上的时间做好了标书。笔者认为只要把标书做好并且样品不出现质量问题就没有问题，因为是合作愉快的老客户，所以笔者没有过多关注制作样品的问题。到了开标的时间，笔者派技术员带着样品前去投标，结果没有中标。

得到这个结果后，笔者并没有太在意，只认为是命中注定。可是几天后，客户打来电话说："太可惜了，只差一个主要样品；否则按照你们的做工和价格一定会中标的，你们怎么能这么大意呢？"

原来笔者一直不知情，等叫来了派出去投标的员工，才知道他因为疏忽大意而漏掉了一个主要样品。员工的疏忽就是笔者的疏忽，但就是因为

No Excuse！

一次小小的疏忽而损失掉一单好生意，实在为自己找不出任何值得原谅的借口。

粗心大意是很多职场人士存在的毛病，粗心尤其容易表现在执行上级命令的过程中。但是很多粗心的人不愿意承认自己的粗心，对于那些因为粗心而造成的问题，他们会给自己找很多借口。正如偶然的事件往往会损害到全局一样，漏掉一只小小的蝼蚁，就有可能毁掉千里的堤坝。

一名员工一招不慎，领导可能不会再给他任何申辩的机会，哪怕他曾做好了100件事，因为这一件事就有可能影响整个团队和整个企业的利益。

细节往往决定成败，工作中一个响了四五分钟才接听的电话就有可能让你损失一位客户；弄丢一张小小的地址订单就可能让你的顾客流矢；一个小小的数字，就有可能让你在瞬间倾家荡产……而这些损失里，有的也许只是为粗心大意而寻找的种种借口。

企业需要什么样的员工？有人会说一定是学历高、头脑活、领导力强和有竞争力的员工。但其实企业最需要的员工是负责任、细心，并且不会为自己的粗心大意寻找任何借口的员工。

在职场中拼搏其实只要多一点仔细和认真，并且少为自己的粗心找一个借口，也许你就是那一个最有竞争力的优秀者。

在生活中，如果一个人总是犯一些丢三落四的毛病的话，也会失去别人的信任；在工作中，老板经常把员工的粗心问题，看成是其不负责任和不动脑筋的表现。

总之，经常在老板面前一次次犯下粗心的初级错误，那么你自然就会慢慢失去他的信赖。以至于使老板认为你无法宽恕，此时的你恐怕离离职也就不远了。

★职场箴言★

*

在工作中，很多事情在执行上的一点点差距往往能导致结果上出现大大的差别。一名职业者如果在服从上级命令和执行工作任务中，由于1%的疏忽而造成了99%的偏差，那么他一定会为此付出100%的代价。

*

No Excuse !

5. 行动说明一切，执行给力，不做冬天里的寒号鸟

小张是笔者的一名员工，做事情踏实稳健，是一个很有成功潜质的职场人。但是他有一个缺点，就是在做事情时总是犹豫不决。尤其对待上级交付的任务，总是不能及早执行，很多人都向笔者反映过这个问题。

不管别人怎样看待，笔者认为小张还是一名合格的员工，其最大缺点可能就是过于谨慎。一天，笔者与小张坐在一起聊天，借机向他讲述了一个故事。

有一个小女孩在外出玩耍时发现了一只嗷嗷待哺的小麻雀，很显然，它可能是被风吹下来的，甚至还不会飞。她决定把它带回家喂养，走到家门口，小女孩忽然想起这需要听听妈妈的意见，因为妈妈平时总是命令她不许带宠物回家。小女孩犹豫了半天，还是决定先把小麻雀放在门外。然后回家与妈妈商讨，等妈妈同意了再将它带回家。在她的苦苦哀求下，妈妈终于答应了请求。但是当她兴奋地跑到门口，却发现小麻雀已经不见了，取而代之的是一只正品尝新鲜美味的大黑猫。

笔者告诉小张，想要在现在这个视时间为金钱和视效率为生命的社会里生存，就要立刻行动并快速执行，犹豫不决的人只能落得被大黑猫夺走所爱的下场。

在这方面，周杰伦就做得很好。作为一名创作型音乐人，他常常说，创意这种东西一旦产生就要马上执行；否则时间拖久了就有可能出现"雷同"和"抄袭"的问题。

周杰伦现在拥有自己的创作团队，工作人员表示大家经常跟不上他的脚步。很多时候一个念头在他的脑中闪过，他就会要求团队马上行动起来，没有一点缓冲的余地。

有一次，在歌迷见面会中一位年轻的歌迷向在场的人提出了一项大胆的建设性方案。当时前来捧场的明星嘉宾都认为这是一个很好的方案，值得讨论研究。就在其他人正在琢磨这个方案时，周杰伦突然开始拨打电话向他的团队陈述这个方案，并要求他们立刻开始执行。

No Excuse!

出乎意料的是,还没等歌迷见面会结束,他的制作团队就打来了电话说已经找到投资方。

假如周杰伦像别人一样认为这个方案只值得研究而拖延行动,那这个方案很可能就在小心翼翼的漫长讨论中流产。可是周杰伦就这样简单执行了,并且以迅雷不及掩耳之势拿到了投资。办事简单且迅速,是其成功的关键。

威廉·詹姆斯说:"灵感的每一次闪烁和启示都让它像气体一样溜掉而毫无踪迹,这比丧失机遇还要糟糕,因为它在无形中阻断了激情喷发的正常渠道。如此一来,人类将无法聚起一股坚定而快速应变的力量以对付生活的突变。"

作为一名优秀的企业员工,不管从事什么行业,当老板向你下达命令或是交代某项任务后都必须快速抓住工作的实质并立即行动。因为一旦行动起来,人们就无暇多想,也就不会陷入犹豫不决和等待"东风"的状态了。背水一战并破釜沉舟,反而能促使事情很快成功。

★职场箴言★

*

职场中优秀的职业者总是雷厉风行,而那些容易失败的人总是为自己寻找这样那样的借口拖延。对于那些你不得不做的事情,尽早做总比拖延做更好,因为一来你摆脱不掉;二来拖延还有可能会使你迫于形势去做。因此立即行动是最好的选择,它不但能消减准备工作中一些看似可怕的困难和阻碍,还能使你更快地抵达成功的彼岸。

*

6. 激情就是战斗力,坚持事业信仰不找借口

比尔·盖茨说过这样一段话:"如果只把工作当作一件差事,或者只将目光停留在工作本身,那么即使从事你最喜欢的工作,也依然无法持久地保持对工作的激情;如果把工作当作一项事业来看待,情况就会完全不

No Excuse！

同。"保持工作激情一直是微软文化的一个核心理念，它像一块奠基石一样让微软王国处于不败的地位。

每个新人在初入职场时几乎都经历过激情四射的工作状态，这时候的激情很大一部分来自对新工作的新鲜感，以及对以后职业生涯的一种期盼。一旦新鲜感消失，工作驾轻就熟，那么这种新鲜感和期盼也就会消失殆尽。

再后来发现工作模式已经无法改变，生活已经缺乏任何创新的时候，日复一日的工作就成了应付了事。紧接着，等你发现公司制度存在一些弊端，同事之间又钩心斗角的时候，压力、愤怒和抱怨就会接踵而来。在这种情况下，无精打采、垂头丧气及麻木不仁就会乘虚而入，扼杀工作中的所有激情。

小马是笔者的同乡，虽然彼此之间没有太多工作上的联系，但是因为笔者一直欣赏他那种在事业上勇敢拼搏的激情，所以一直与其保持着联系。

可是小马最近一年接连碰壁。自从去年从受到经济危机影响而濒临破产的电子公司离开之后，他的工作就一直不顺利。从去年12月份到今年4月份，小马已经换了4家公司。

第一家公司是做电话营销的，当时因为一时没有找到工作心急，就随便应聘了这份工作。后来发现没有什么发展前景也觉得不适合自己，就很快辞职了。

到第二家公司纯属偶然，本来这个职位是给老板的亲戚预留的。可是因为人事部的人员没有把这件事情协调好，结果招聘了小马。人事部的人看着小马碍眼，总找他的茬，老板也因为这件事心里不痛快。做了不满两个月，公司还是婉转地把他给辞了。

第三家公司是小马最满意的一家公司。在这家公司他感觉自己做得不错，有发展的前景。而且公司里的人际关系也很简单，于是小马决定留下来。可是没有想到，这家公司竟然拖欠工资，于是小马又不得不离开了。

从4月份到现在，小马去了一家不错的外贸公司，很用心地去工作，也下决心要做好。可是也许与之前那家电子公司的风格太像了，不知为什么小马总觉得自己缺少了对工作的激情。在工作上，上司叫他怎样做，他就怎样做，从来不懂变通。而且经常马虎大意，时不时出一些小差错。就

No Excuse !

这样，他又失去了一个很难得的工作机会。

没有激情就没有战斗力，没有战斗力就不可能全身心地投入工作。并且不可能创造性地解决工作中的难题，更不可能成长为一名优秀的职业者。没有激情的人还缺乏将梦想付诸行动的勇气，他们常常受制于人。工作只是迫于生计，遇到问题只能妥协，最终与成功失之交臂。

激情是职场人士不可或缺的前进动力，一个对工作总是充满高度激情的人，会不断鞭策和激励自己向前奋进，并且使自己不畏惧现实中所遇到的重重困难和阻碍。因此能否成就一番事业，保持工作激情最为重要。

★职场箴言★

*

"迫于生计"、"理想很丰满，现实很骨感"……这些借口都是延误一名优秀职业者成长和发展的负担。对自己的工作充满激情，坚持自己的梦想，并且不随波逐流。从一步步做起，在完善自己的同时也必将会做出一番事业。

*

No Excuse！

第四章 尽善尽美给力工作，百分百排除任何借口

No Excuse！

1．责任到位，不做公司在野党，对公司负责就是对自己负责

最近笔者在读一本名为《对公司负责就是对自己负责》的书。书中有一段话是这样说的："公司是我们共同的船，只要我们登上公司之船，我们的命运就和这艘船捆绑在一起了。一荣俱荣，一损俱损！这艘船就是我们共同的船，船的命运就是我们的命运，船的未来就是我们的未来。"

对公司负责就是对自己负责，这是每名员工在工作中都要时时记住并时时提醒自己的。作为一名合格的企业员工，对工作认真负责，努力做到最好不是出于品德高尚，而是出于履行职责。

有人认为，公司的事情让老板操心就好了。自己只是一个小小的打工者，扛不起振兴公司的重担。其实不然，那些优秀的员工都是将公司的利益放在第一位的。他们认为自己是公司的一个组成部分，那么就应当对公司负责。只有用负责的态度认真对待每一项工作，才能将每一项工作做到尽善尽美，在自己满意的同时也让他人满意。

网上流传甚广的一篇文字，相信对读者有益：

公司新助理，名牌大学毕业的，她带着的困惑问，为什么总是让她做这些琐碎的事情？

每天贴发票，报销，到财务去走流程，然后把现金拿回来给您。

我笑着问她：那你通过做这件事，有没有什么工作心得？

她呆了半天，一脸疑惑。

我说说我的做法吧：当年我调到了总经理办公室，其中有一项工作，帮总经理报销票据。不出错只是60分，但要用心做好，那就不简单了。

票据是一种数据记录，它记录了总经理乃至整个公司营运有关的费用情况。看起来没有意义的一堆数据，涉及到了公司各方面的经营和运作。

于是我建立了一个表格，将所有总经理在我这里报销的数据按照时间、数

额、消费场所、联系人、电话等等记录下来。

我起初建立这个表格的目的很简单，我是想在财务上有据可循，同时万一我的上司有情况来询问我的时候，我会有准确的数据告诉他。

通过这样的一份数据统计，渐渐的我发现了一些上级在商务活动中的规律，比如，哪一类的商务活动，经常在什么样的场合，费用预算大概是多少，总经理的公共关系常规和非常规的处理方式。

当我的上级发现，他布置工作给我的时候，我会处理的很妥贴。有一些信息是他根本没有告诉我的，我也能及时准确的处理。他问我为什么，我告诉了他我的工作方法和信息来源。

渐渐的，他基于这种良性积累，越来越多的交待更加重要的工作。再渐渐的，一种信任和默契就此产生，我升职的时候，他说我是他用过的最好用的助理。

这个案例告诉我们，工作就是要有用心，不做"在野党"。

公司和员工是一个共生体，公司的成长要依靠员工的成长来实现；员工的成长又要靠公司这个平台。对于公司而言，每名员工都不存在在野和执政的问题，因为二者之间是彻底的荣辱与共和共兴共亡的关系。

就像书中所说，对公司负责就是对自己负责。在工作中，一名优秀的员工就应该主动去承担责任。上司吩咐什么才去做什么，对于不关自己的事情就高高挂起，能躲就躲，时间久了就会让自己与公司脱节。仿佛自己只不过是在干自己的活，拿自己的钱。这是对自己不负责的一种表现，如果每一名员工做事都能主动并勇敢些，那么工作就会变得很轻松，也自然就能把自己与公司结合起来。

★职场箴言★

*

在公司昌盛时你是否想过为公司节省每一张纸，每一支笔？在公司危难时你是否想过为公司多出一份力？

"这不是我的分内工作"、"做好自己的工作就好"……不要再给自己寻找这样的借口了。每个公司都不缺少员工，却缺少真心实意愿与公司"同舟共济"的员工。将自己的工作做到位，又甘愿为公司负责的员工才能在工作中赢得老板的赏识。

No Excuse！

2．执行到位，努力到最后一刻，将工作做到极致

世界著名企业麦当劳公司的创始人雷·克洛克说过这样一段话："一个企业需要严格的执行力，如果你想经营出色，就必须使每一项最基本的工作都尽善尽美。"麦当劳之所以能快速发展，就是因为它要求员工有严格的执行力。

据说，麦当劳的员工作业手册有560页。在进货、制作和服务等所有环节中，每一个环节都有着严格的质量标准，并有一套严格的规范保证这些标准得到一丝不苟的执行。这份手册的细节化简直让人瞠目结舌，比如，面包不圆和切口不平都不用；奶浆接货时的温度要在4℃以下，高一度就退货；一片小小的牛肉饼要经过40多项质量控制检查；生菜从冷藏库拿到配料台上只有两个小时的保鲜期，过期就扔掉；生产过程采用电脑操作和标准操作，制作好的成品和时间牌一起放到成品保温槽中……

麦当劳要求每名员工都要严格执行作业手册，而且还要力求做到最好。

在企业中，一个很好的策略之所以能够实施，依靠的是员工完美的执行力，也只有这样才能彰显出一个好策略的价值。

笔者有一个建筑师朋友，一次他接到一家建筑公司的邀请，为其刚刚收购的一块地设计一个豪华宾馆。设计豪华宾馆一直是朋友的梦想，于是他很痛快地答应了该企业的请求。在整个设计过程中，朋友非常用心，力求将设计做到完美。他不仅精确地规划宾馆里里外外每条水流的流向、水流大小和弯曲程度，而且对建筑材料的种类、重量、体积，以及不同种类材料的建筑位置等都进行了周密的安排，并且对宾馆院落的布置以及各种布置材料的选择也都有明确说明。

圈了又圈，改了又改，朋友最后满怀期望地将设计蓝图交给公司。可是等到宾馆落成，朋友被邀去看的时候，简直是痛心疾首。原来公司的负责人并没有重视图纸，员工在施工的时候毫不在意图纸上标注的细节。他们甚至随意改变水流的线路和大小，也从来不注意石料的种类和安排。朋

No Excuse !

友看到自己精心设计的蓝图被糟蹋成这个样子，发誓再也不与这家公司合作了。

在建筑领域里图纸就相当于圣旨，而这家公司不但缺乏识别力，员工也缺乏执行力。要知道，一个严重缺乏执行力的公司是不会有良好的发展前景的。

对于一个企业来讲，一个既定战略能否执行到位是企业成败的关键，而战略或决策的执行则需要每一名员工的紧密配合。执行能否达到预期效果，就要保证执行过程中的每一步和每一个环节都不能出错。努力到最后一刻，直到看到成功的曙光，品尝到胜利的果实；否则就有可能出现失之毫厘，谬以千里的结果。

一次，某个单位召开工作会议，并邀请市委领导参加。会前会务人员做了大量的准备工作，也及时发送了会议通知。结果到了开会那一天才发现各局的局长都没有来，打电话询问才知道局级领导都没有收到邀请通知。

这是会务人员的严重失误，原来在接到准备会务工作的通知后，负责人当天就拟好了会议安排的方案。可问题就出在执行的过程中，由于这名负责人没有及时监督，工作人员竟然漏发了给各局局长的通知。这次失误的主要原因还是执行不到位，在最简单的问题上有所疏忽就是执行力不够。

在一个企业中每一名员工在接到任务后都应该贯彻执行，努力做到最好，并且一直认真负责到最后；否则一旦哪个环节掉了链子，就会落得全盘皆输的下场。

★职场箴言★

*

执行不到位造成的工作失误是没有任何借口的，一名优秀职场人士应当时刻将认真负责地执行好任务放在第一位，一直到工作圆满结束。只有这样，才能使工作做到极致。

*

No Excuse !

3．心态到位，紧跟队伍，没有任何借口

学习、生活和工作可以当作人生全部活动的三部曲。其中工作要占去人一生中很大一部分时间，而且也是保证学习和生活能更好完成的前提条件。

每个人都需要在工作中寻找自我归宿和价值，并在这个过程中实现理想。每个人工作不是为了别人，而是为了自己。对待工作要有主人翁的心态，要跟紧队伍，不为自己寻找任何借口。

在企业中以一名合格员工的身份摆正心态紧跟队伍，做好自己的本职工作。这没有任何借口。只有对自己的工作拥有一个良好的心态，才能不断地追求上进并完善自己，才能把工作做好，才能有利于公司的发展壮大。

不论是员工，还是管理者，在工作中一定要有良好的心态，这样才能对自己的工作有一种强烈的责任感，才能通过努力工作来实现自我价值。在此基础上，才能为公司创造价值，为公司的发展做出贡献。

对待工作的态度还是一个职业道德的问题，既然从事了一个职业并选择了一个岗位，就要用积极的态度来面对它。为自己的职业生涯做一个规划，并制定一个梦想。有梦想才能拥有前进的力量，有梦想的人才能使自己乐于工作和乐于奉献。

朋友戴年毕业后在一家规模很小的印刷公司从事销售工作，这与其理想相去甚远。但他没有因此消沉，而是认真分析了自己的理想和现实的处境，最后他满怀热情地投入到了自己的工作中。

他把对工作的热情感染给每个人，把那种积极向上的心态传递给了客户。不到一年的时间，戴年就得到了老板的青睐，被破格提升为销售部主管。再后来，他又被提升到公司的管理层。笔者问他为什么总能保持一份工作热情，他说："在试用期间，我发现每天下班后其他人都回家了，而老板却常常加班到深夜，这让我感触很深。我想很多人会对此不屑一顾——'老板自己的公司，当然肯卖力工作了'，可我不这么想。老板是这个公司

No Excuse !

的领头人，他是要做出一个表率，即对工作怀有一个积极的心态，对这个团队负责，这没有任何借口！"

就这样，戴年也常常伴随老板留在办公室里加班，并且坚持了下来。在很长一段时间，戴年并未因积极主动工作而获取任何酬劳。可他跟随老板学到了很多东西并获得了老板的赏识与信任，并赢得了升职的机会。

从积极的方向思考任何事情，不找任何借口，才能培养积极的心态。在工作中有的人满腹牢骚，只看到环境带来的种种不足，却不知道只有通过自己的努力才能优化存在不足的环境；有的人抱怨工作的繁忙，问题重重，却不晓得努力发现并积极解决。工作中我们会遇到许多失败和挫折，看似坎坷，却不晓得这些才是为我们不断进步而积累的宝贵财富。

也许，我们在生活上不尽如人意，也许我们的环境也不够华丽，但是优秀的员工从来不会把这些坏的情绪带到工作中去。他们从来都是兢兢业业、踏踏实实，并且认真本分地做好自己的工作；同时还能为公司的长远利益考虑，他们就是有这样一种对自己负责和对公司忠诚的态度。

在工作中心态到位，就是要有责任感和敬业的精神，并且永远追随队伍，在努力工作中深刻体会工作的价值和生命的意义。这样无论你是初入职场的新人，还是职场卑微的小职员，只要拥有勇于负责的精神和不断进取的心态，就能使自己的能力得到充分的发挥，就能使自己的潜能得到不断的挖掘。并且最大限度地为公司带来效益，为自己获得殊荣。

为此，任何工作都没有借口。无论什么样的工作，无论拿到怎样的任务都要全心全意地投入到其中，始终对自己的工作怀有热情，那么就能从中体会到无上的充实和快乐。

★职场箴言★

*

作为一名员工，心态到位，就是要不断迎接新的挑战，不断克服困难，在挑战中不断学习和提高自己的业务技能，并且要跟上队伍发展的脚步，与公司共同成长。这里面，没有任何借口。

*

4．姿态到位，不看别人做什么，只看自己做多少

一名企业的员工大概可以划分为以下几个群体，一是初入职场意气风发的员工；二是单调少薪安于现状的员工；三是心生厌倦准备跳槽的员工。

3种员工群体代表了3种工作姿态，无一例外，老板一定喜欢意气风发并追求上进的员工。这样的人大多属于初入职场的新人，新人自有新气象，他们能为公司掀起一股新的潮流。

有上进心的人一定是有责任心的人，他们会认真负责地做好每一件事。即使因能力欠缺做得不够好，只要不会危害企业的利益，那么就一定能赢得老板的青睐。因此无论是新员工，还是老员工，始终保持工作热情，才是纵横职场的法宝。

安于现状的员工一般因为做得时间久了对公司产生了一种难以摆脱的依赖感，即便是工作性质单调，工资相对不高，他们也会满足于目前的状态。

这类姿态的员工对企业来说就像一块鸡肋，食之无味，弃之可惜。其实他们因为经验丰富，已经和企业建立起了一种利益共生体的关系。如果不想使自己的利益受到损害，就必须对自己的职位和公司负起责任来。

最后一种员工的姿态对一个企业来说是最不利的，这类员工对自己的工作已经失去了激情。他们心生厌倦，时刻准备跳槽，但是因为时机不到，所以会赖在原来的公司不走。

如此看来，除了第一种姿态，其余都不是一名优秀员工应当有的。每一名员工初进公司，相信都是怀有一定的工作热情的。那为什么工作久了，这种工作热情反倒消失殆尽了呢？笔者相信是惰性的原因。

人都有惰性，如果一个人长期处于没有危机感的环境中，惰性就会滋长。带来的后果就是办事拖拉，消极应付。

去年6月份，笔者的侄女琳琳毕业于一所名牌大学。她很幸运，在严峻的就业形势下很快就找到了一份工作，即在一家国企做办公室文秘。工

No Excuse !

作并没有太大的难度，平时只是收发文件、存档和制作报表等。

开始工作时琳琳满腔热情，她还试着做了几份企划方案并交给领导，可是都没有得到任何被采纳的消息；同时琳琳还留意到，公司里的一些老同事开始对她冷眼相待，这使她很不安。

后来，琳琳不再尝试向领导递交方案，她学会了看人的脸色办事。别人做多少，她就做多少，再也不会多做一点超出本职范围的事情。渐渐地，她对自己的工作失去了激情。

有时，她也有想换一个工作环境的想法，可却遭到了全家人的反对。家人的想法也有一定道理，现在工作的确难找，轻易换工作还不如在原来公司"忍受"，随波逐流吧，反正工作也很轻松。

"别人做多少，你就做多少，反正多做一点又不能多拿一份工资。"再后来，琳琳开始这样教育新来的员工了。

像琳琳这样的人不在少数，这是因为在工作面前人们没有摆正姿态。工作不仅仅是一种谋生手段，更是一个人活出快乐和意义的途径。试想，一个人若整天无所事事、游手好闲会得到快乐吗？感受不到活在这个社会中的归属感，感受不到工作中的成就感，这个人也就失去了活着的意义。

工作除了能养家糊口，更能锻炼我们的意志，并且能培养我们的人格。因此每个人都是为了活得更有意义、活得更加快乐而工作。工作不是为了别人，而是为了自己。不懂得这一点，工作起来就会毫无生气。

摆正工作姿态，把心沉下来，兢兢业业地做好本职工作。不论工作水平高低都要全身心投入工作，这样才能安于工作，有所作为。在工作中不要只看别人做了什么，而要看自己做了多少，还能做多少。

姿态到位，带着一份激情工作才能在工作中不断学习，不断进步。并且逐渐提高自己的业务能力，实现自己的价值。

★职场箴言★

*

是金子，总会有发光的一天。在职场中拼搏，摆正姿态很重要。只有积极向上，对工作始终抱有极大的热情才能感染你的同事甚至整个团队。而总为自己找妥协的借口，只能被懒惰和安于现状的低姿态所影响，最终损失的将不仅仅是你自己。

No Excuse !

5．感情到位，只要团队需要，再有委屈也要服从集体

张宁是笔者大学时代的同学，毕业后进入了一家跨国集团。当时公司驻非洲分公司急需用人，可是总公司里谁也不愿意被调到那么远的地方，而地方公司又一时找不出合适的人选。

在这种情况下，张宁向公司请求去了非洲。很多人都对其行动表示不理解，认为他这是在自毁前程。说非洲那边的公司刚成立，到底能不能发展起来还是一回事呢！可是，张宁只是笑笑说，既然我成为公司一员，就应当服从集体的需要。

就这样，张宁在非洲一待就是3年，后来他终于结束了非洲监狱般的生活。调回总公司后，不到一年的时间，年纪轻轻的他就升到了业务经理的职位。

可事有不巧，就在他担任业务经理期间，市场行情大幅下滑。张宁毕竟年轻，没有做好充分的应变措施，给公司造成了严重的损失。后来公司追究责任，经过研究决定把张宁从业务经理降为普通职员。这对他的打击很大，为此他曾找到笔者诉说自己觉得很委屈，只一个错误就把他所有的功劳抹杀，公司太无情了。

有好几次，张宁都想递出辞呈，但最后都没有这么做。他说自己为这家公司付出了太多，已经产生了深厚的感情，不能就这样辞职。

笔者很赞同他的决定，告诉他无论哪个企业都不希望失去任何一名有才能的员工，相信公司做出这样的决定一定有公司的道理。

于是张宁在公司继续工作，他告诉自己决不气馁，从此更加努力工作。之后，张宁被分配到地方公司，他认为自己重新得到了机会。经过努力，他终于又一次获得升职。一年后，张宁竟然坐到了分公司总经理的位子。

后来他告诉笔者说当时幸亏没有辞职走人，因为那是公司在考验他。一来，公司是想杀鸡给猴看，正好拿他当典型；二来，如果他能忍辱负重，服从领导的安排，就说明他有培养的潜质。

No Excuse！

听了张宁的话，笔者很为他感到高兴。再后来，张宁一路高升，现在已经跻身公司最高层，而他也早已经把经营公司当成了自己的事业。

很多员工无法承受委屈，一遇到挫折和失败或者认为没有得到公平待遇就想到跳槽。从表面上看，员工跳槽损害的是企业，其实从更深层次的角度来看，给员工自身造成的损失更大。无法服从领导安排，无法为团队和公司利益做出牺牲的人往往会给自己找许多借口。其实归根结底，这都是员工没有与团队建立起深厚感情的原因。对团队有深厚感情的员工在遇到委屈时总能为公司和团队的利益考虑，认为责任在于自己，而不会做出背离公司的行为。

★职场箴言★

*

在职场中的很多人都希望找一份安定的工作和一家运营良好的公司，因此会本着一山更比一山高的态度为自己找出许多个跳槽的借口。

但只要你决定留下来，就应该与公司建立深厚的感情。把它当作自己的公司，全力投入。只要需要，即便承受再大的委屈也要服从集体。

*

6．脑子到位，多想办法，多跑腿，带着大脑工作

"方法永远比借口多！"这是笔者以前的领导常说的一句话，而这句话也是每一名员工应当谨记在心的。当做事情遇到困难，或者在工作中出现问题时，优秀员工首先想到的应该是解决问题的方法，而不是寻找借口为自己开脱。

笔者曾经招聘过一名员工，但没想到不到一个月的时间就把她辞退了。她是一名刚毕业的女大学生，学识很好，形象也不错，给人的第一感觉是很干练，并很有朝气。但就是做事情不动脑子，不想办法，只会找借口。

No Excuse !

上班没几天,她就开始迟到。办公室领导几次向她提出,她总是找这样那样的借口来解释。后来,大家发现这个女孩做事情总是不动脑子,更不愿意多跑腿。

一次,领导交代她去给客户送材料,需要跑几个地方分别把不同的材料送到不同的客户手里。可是没有过多长时间她就回来了,结果是只把材料送到了一位客户手里。

领导气急败坏地问她怎么回事,她解释说:"这几个地方离得太远了,一天也跑不完,再说我也不知道地址啊!"

"你不知道地址,又怎么知道离得远呢?"领导没好气地反问道,"你这不是找借口吗?"

"我真的不知道在哪里?打听了好半天才找到一个地方。"女孩继续解释道。

"你只要稍微动动脑子,问问那家公司的人,他们一定会告诉你这几家公司的地址的!"领导将还没送出去的材料一把夺了过来,瞥了一眼上面的地址。

"啊?"女孩刚要继续解释。

"瞧!一家是你已送材料那家公司的分公司;另一家就在那家公司不远的地方!"领导指着地址大声说道。

"是啊!这几家公司离得很近。你想想也能知道,公司不可能叫你一个人去给几家距离很远的公司送材料啊!"

"你不是已经找到一家公司了吗?你可以问问他们其他两家公司怎么走啊!"

"你怎么就不知道想想办法呢?"

……

大家都开始指责她。

"反正我已经尽力了……"女孩还是不服气。

就在这一瞬间,笔者下定决心辞退她。如果一个人在尽力之后,只能达到如此水平,那么相信她也不会有什么作为了。

作为一名优秀的企业员工,当我们遇到问题时一定要多动动脑子,多跑跑腿也要把事情解决。

"在当今社会里,你认为什么样的员工最受欢迎?"当笔者再次招聘员

No Excuse !

工时，向应聘者提出了这样的一个问题。

笔者想假如你是一名对自己的前途负责的员工，这肯定也是你通常最关心的问题；假如你不了解这一点，无法回答这个问题的话，你在职场中必定要走许多弯路。

那么答案到底是什么？作为一个企业老板，笔者想每一个老板都希望拥有找办法，而不是找借口的员工。

★职场箴言★

*

在职场中永远存在两种员工。一种员工从来不说自己已经尽了力，但是大家都能看到他们为工作努力的样子；另一种员工尽管口口声声说自己"已经尽了力"，但事实证明他们根本没有尽力。

我想第一种员工不管走到哪里都会受到老板的青睐；而第二种员工不论走到哪里都将被排斥。

*

7．精力到位，全身心投入工作，全心全意为公司

一个人从踏入社会的那一刻起就该把眼前的工作当回事，并全身心投入进去，因为这是一名职业者赖以生存的根本。

试想，一个学生若不能全身心地投入精力去学习，三天打鱼，两天晒网，上课注意力不集中，最后将是什么结局呢？同样道理，一名员工在工作中不能爱岗敬业，经常迟到早退，遇事就爱为自己寻找借口，那么他一定不会被重用。

笔者自认为不是一个聪明人，所以自从第一天进入企业便一直怀着一份极大的热情投入到自己的工作中。

当时的笔者作为技术员负责企业的技术工作，不论是严寒还是酷暑，笔者几乎把自己全部的时间都留给了实验室，有时还会直接进入车间向工人师傅讨教技术问题。当时笔者想自己还年轻，又没有成家，有很多时间

No Excuse!

可以全心全意为公司服务。

由于笔者工作认真，而且研究也做出了很大的成果，所以第二年便被领导破例提拔为车间主任。后来领导向笔者说他当年破格提拔自己，并不是看自己做出了多大的成绩，而是希望笔者能把这种工作热情带给大家。他给那些自以为是且吃喝混日子的老员工敲响了警钟，不能全身心地为公司服务就要被淘汰。

一名优秀的企业员工要根据公司的需要随时为公司服务，哪怕多加一会儿班，延长一点工作时间。很多人不认同这种观点，认为只要自己在上班时间提高效率，没有必要加班加点。实际上，公司里有很多事情不是在上班时间出现，也不是在上班时间就可以轻易解决的。能全身心投入到工作中的员工不仅会将本职工作处理得井井有条，还会在应付其他突发事件上花费极大的精力。

一些优秀的员工总能对工作表现出极大的热情，他们就是这样为工作投入精力的。在向他人传播其对公司的兴趣和热情时，不论是客户还是同事都会从他们身上体会到自信和对公司的信心，每个老板也都喜欢对自己的工作和公司充满信心和激情的员工。

全身心投入工作还表现在自愿承担艰巨的工作任务上，虽说大部分的工作都有明确的岗位划分，但总会出现一些一时没有办法归类的突发性事件。面对这种紧急情况，一名优秀的员工就应当从维护公司利益的角度出发，积极主动地处理这些事情。当你付出精力去做之后，不论最终成败与否，这种迎难而上的精神会打动包括老板在内的所有人。而在不断迎接挑战的过程中，你的能力也会有一个提升。

★职场箴言★

*

有人会说每个人都需要自己的生活和空间，而工作只不过是其中的一部分，有必要将所有的精力都投入到工作中吗？笔者只能说在现今这个竞争社会里，在一个企业里要么全心全意地工作，然后等待升职加薪；要么就被时代的潮流吞没，等待随时被取代和被淘汰的命运。

*

No Excuse！

第五章 站好队伍，问题面前一马当先，不找任何借口

No Excuse !

1. 第一时间解决问题，做问题终结者，不做邋遢先生

遇到问题，你是否总想找借口将它搁置起来？在问题面前，你是否从来没有一马当先，是否从来没有站在队伍的最前面大声说"请交给我吧"？

相信大多数人在工作当中遇到问题时，曾不止一次地告诉过自己明天再做，我还有时间。可是这最多只不过是一个逃避问题的借口，要知道明日复明日，明日何其多。那些真正想解决问题的员工一定不会为自己寻找这样那样的借口。因为促使他们立即行动的理由有很多，如为什么是明天？今天不行吗？现在不行吗？于是他们总能在第一时间就想办法解决问题，从不拖延时间。

很多人为自己的拖延寻找许多借口，但其实问题的根源在于懒惰和不负责任。就像懒惰的人在每天早晨起床时面临的困境一样。当闹钟响第一次时，懒惰者绝不会在第一时间就跳下床，他会给自己找借口然后再睡5分钟。5分钟后当闹钟响第二次时，懒惰者就会像第一次那样找借口再拖延5分钟，直到上班迟到。

那么怎样才能戒掉借口，从而在第一时间解决问题呢？

(1) 遇到问题马上解决，哪怕是一点一点地解决

有些问题看上去的确很棘手，让人望而生畏。这时不要给自己找借口，第一时间就接受它，然后立刻想办法解决。

记得小时候，有一次笔者与爸爸一起清扫储备室。扳手、钳子、废铁丝、废油、一台旧冰箱、一个破损的电瓶，还有一大堆没用的废物。看到这么脏乱的情景，笔者真是不知道如何下手，因为似乎怎么整理都很难将它们搞定。

"不要被它们吓住，如果你在第一时间就退缩，那么以后也会为自己找出很多个退缩的借口。"爸爸走过来对笔者说道。接下来，我们就开始做了。一点一点地先从地板开始，把所有散落在地板上的零件都仔细归

类，然后放进抽屉里。"你看！其实没什么难的。你只需要一点一点来！"就这样，我们只用了一下午的时间就把这间储备室收拾得井井有条。

(2)想想第一时间解决问题后的感受

很多人之所以不能养成第一时间就解决问题的习惯，是因为他们能从拖延解决的过程中得到一些所谓的"好处"。比如，王女士是一名职业女性，她曾无数次下决心要改掉拖延的习惯，可是几年下来都没有任何结果。因为在每次拖延后她都会赶在交工之前把问题解决，于是在这段时间她就成了大忙人。在单位，很多人就会对她予以优待，因为她在加班；在家里，老公也会代替她做家务，原因就是她很忙。种种"好处"在其潜意识里强化了拖延的意识，因此要想改掉拖拉的习惯必须试着做一次改变，体验一下第一时间就解决问题的感受。在比较之下，拖延所带来的"好处"就显得那么不值一提了。

★职场箴言★

*

拖拉者：等我找时间把它完成。

高效者：我从什么时候开始？

拖拉者：这任务太多了，时间不够。

高效者：哪怕先做一小点。

明明手上有工作，事情却总是一拖再拖。直到最后一刻才赶忙完成，这就是拖拉者做事的态度；高效者永远抢在第一时间解决问题，而且力争做问题的终结者，这就是一名优秀员工应该拥有的做事态度。

*

2．工作不伤身，承担责任要比找借口推托来得实际

在职场中总有那么一些人在抱怨自己的工作辛苦，在他们的观念里没日没夜地加班赶点就是在伤害身体，而那些认为"工作不伤身"的老板只不

No Excuse!

过是站着说话不腰疼。

对此，笔者依然坚信"工作不伤身"的观点。笔者认为一个职场人永远没有资格拿自己的身体搪塞要承担的责任，说到底这只不过是一些不愿有所为的人为了摆脱责任而寻找的借口。

在笔者刚到企业的时候还只是一名普通员工，当时单位正巧刚开发了一个新的工业基地，地点在撒哈拉大沙漠。

沙漠的环境自然是极其恶劣的，但笔者还是选择跟着队伍去了那个地方，到了才知道实际的生活比想象中的还要困难百倍。沙漠里不但交通不便，连住的地方都没有，顶多搭几顶帐篷。最最困难的不是沙漠里风云突变的气候，也不是昼夜的温差，而是饮用水。饮用水比金子都贵，而平时的洗漱用水也需要走两三里的路去挑。

就在这样艰苦的条件下，这支队伍把公司新收购的一家倒闭工厂撑了起来。在那样困难的环境里单位里没有一个人叫苦连天，没有一个人因为"工作艰难"或"工作伤身"这样的借口来推卸责任。

这支队伍在那里一待就是一年半，公司正常运营后大家感到自己不但积累了丰富的经验，而且也赢得了公司的高度信任。调回公司总部后，每个人都得到了很好的发展。

说到底，在撒哈拉大沙漠工作的几年中，恶劣的工作环境不但没有危害到我们的身体，反而让我们得到了锻炼。

现在的年轻人总是拿"工作伤身"当作自己推卸责任的借口，在他们眼里工作要轻松，生活要惬意。哪怕薪水较低，也想要找那种在轻松游玩之间就能把事情做完的工作。

在笔者第一次创办企业并招聘员工时问一个年轻人："你愿意当一名忍受较低的薪水待遇并甘心为自己的工作赴汤蹈火的小职员吗？"

那个年轻人回答得很巧妙："我相信没有一家企业会拿员工的性命开玩笑的，而这样的企业也不具备发展起来的潜力！"

"那如果你刚好碰到了这样一家'不负责'的公司呢？"笔者并没有理睬他那冠冕堂皇的回答，接着问道。

"那我宁愿找一家好公司当一名小职员，这个公司工资可以不高。但应该有比较好的福利待遇，工作量可以大些，但不需要承担太多责任！"年轻人想了想回答道。

> *No Excuse !*

"好！那你可以离开了！"笔者想告诉他世界上没有这样的好公司，但让他自己摸索出这个道理也许会更好，于是笔者让他离开了。

在笔者工作了多年后依然坚信"工作不伤身"的观点，只要稍微诚实一点的职场人都会意识到这样一个现象，即周末放假的时候反而比工作日更累。因为在工作的时间大多数人都会保持一个正常作息，而周末的时候打乱了正常作息，全力以赴游玩、聚会或喝酒。过度放纵自己的身体，永远要比正常使用自己的身体更为伤身。

★职场箴言★

*

作为一名职场人，笔者从来不主张一定要通过劳累自己的身体来实现自身价值，但却以为"工作伤身"绝对是一名企业员工用来逃避责任的借口。

"天将降大任于是人也，必先苦其心志，劳其筋骨，饿其体肤……"笔者不愿意用这样的话语来激励读者应当怎样努力工作。但却相信在工作中没有成就，在职场中不被认同，并且一辈子碌碌无为，恐怕比工作更伤身。

*

3. 公司兴亡人人有责，捍卫公司利益是天职，没有任何借口

当很多人问笔者公司利益与个人利益哪个更重要时，笔者只想回问一句话："你的工资从哪里来？"

只有公司赢利，员工的工资和福利待遇才有可能随之提高，这是不争的事实。公司利益是实现个人利益的基础，只有公司的利益得到了保障，个人利益才有可能得到相应的保障。

从这个角度来讲，维护公司的利益就是维护员工的自身利益，每名员工都应当将时刻捍卫公司的利益作为自己的天职。公司兴亡匹夫有责，这

No Excuse !

没有任何借口。

一个年轻人在星期天的早上去商场购物，正当他在挑选商品时，无意中听到有人正抱怨海尔公司的售后服务差极了。那人越说越起劲，最后竟招来了八九个围观的顾客。

这个年轻人也围了上去，但是其目的不是要听那人的抱怨，他说："先生，听了您说的这些话，我感到非常抱歉，我就在海尔公司上班。虽然不知道您为什么对我们的服务有这么大的不满，但只要您愿意给我一个机会的话，相信我们公司一定可以帮您解决问题的。"

听了他的话，许多人都面面相觑，有点不相信。因为年轻人手提购物篮，身着休闲装，一点也不像海尔公司的工作人员。这时年轻人又拿起电话，向公司汇报了这里的情况。很快，公司派修理人员到那位顾客的家中，圆满地解决了问题。

年轻人在公司的名誉受到威胁的时候挺身而出，挽回了公司的名誉，并且维护了公司的利益。后来年轻人受到领导的高度赞扬，并将其作为员工的学习表率。

公司兴亡匹夫有责，每名员工作为公司的一分子都与公司的命运息息相关，因此时刻为公司的利益着想是没有任何借口的。

笔者的老朋友现在是一家销售企业的业务经理，他曾讲述过这样一段经历。当年他应聘到一家公司做销售，试用期是一个月，而工资只有800元加20%的销售额提成。

朋友负责销售厨房用具，公司定价为3 888元。在明确销售任务时，销售部门负责人强调这是公司的最低价。一旦低出了这个价格，公司就有可能亏损。

在销售的过程中朋友发现当地的消费水平不高，但他们的厨具因为质量好，所以定的价格就显得有些高了。朋友知道，这种质量的商品拿到大城市一定会卖更高的价钱。

销售的工作自然很难做，很多新来的销售员都碰了壁，甚至有几个人没有坚持几天就辞职了。这时有个人为了把商品销售出去就悄悄降低了价格。这样一来，他的确卖出去不少。一时间，很多销售员纷纷效仿，价格被搞得混乱不堪。

一个月下来，朋友只卖出去两套。他心想自己一定不会被录取了，可

No Excuse !

这时负责人却宣布19个人中只有朋友一个人被录取了。

　　按照公司的解释，原因很简单，因为只有朋友一个人是按照公司的定价卖出了产品，只有对公司的利益负责的人才有资格与公司共进退。就这样，朋友意外胜出。直到现在，朋友仍然把公司的利益放在第一位，并且始终以捍卫公司利益为荣。

　　如果说企业的硬件是肢体，那么员工则是企业的血液和灵魂。作为企业的一名员工，不管走到哪里都有义务捍卫公司的利益。

★职场箴言★

*

　　据说，美国联邦快递公司有一个很特别的"紫色承诺"，即不论付出任何代价，也要确保客户对公司的服务称心如意。为了实现这个承诺，联邦快递的员工不怕麻烦，宁可多做一些也会想办法克服困难并维护公司的利益。笔者想，这才是一名企业员工应该具备的职业素养。

　　赢利是任何一个企业获得生存和发展的保证，而为公司创造最大的财富也是公司老板和员工最为一致的目标。作为员工，为公司的利益负责并捍卫公司的财富没有任何借口。

*

4. 懂得回馈，感恩公司没有任何借口

　　滴水之恩，当涌泉相报，中华民族历来就是个讲求感恩和回馈的民族。我们走向社会之前首先要感谢父母，是他们将我们带到人间，给了我们生命和光明；其次我们应该感谢老师，是他们传授给我们知识，激活我们的智慧。步入社会后，会有很多人值得我们感谢。例如，曾经助你一臂之力的朋友，救你于水火之中的路人，以及在事业上帮你一把的贵人等。作为员工，最应该感谢的是我们的公司。是公司给了我们一份实现自我的工作，使得我们不必再为生活四处奔波，并且拥有一种归属感。

> No Excuse !

　　一名员工回馈和感恩公司不一定需要多么大的举动，感恩是一种态度，是一种对公司产生深厚感情的体现，以及一种对工作认真负责的体现。

　　去年感恩节那天，笔者收到两条短信，一条来自朋友，他感谢笔者走进了他的生活；而另一条最让笔者欣喜，因为它来自笔者的员工，他这样说道："感谢您成立了我们的公司，感谢您给了我一份稳定的工作，感谢您给了我实现自我价值的机会，感谢您为每一个人的感恩节带来快乐！"

　　从成立公司那一刻开始，笔者就有一个目标，那就是要带领大家走上一个新台阶。等公司发展壮大了，还要回馈每一名员工、社会和最需要帮助的人。

　　一名员工拼搏于职场之中，从参加工作的第一天起就要萌生感恩的意识。而员工对公司最大的感恩和回馈就是尽职尽责做好每一项工作，因为员工对企业的感恩不单纯指给予施恩者直接的物质回报。脚踏实地工作，争取能干一行并爱一行；在遵纪守法的前提下，维护好企业自身的利益；在做好本职工作的同时搞好同事之间的团结，这样才能在岗位上干出骄人的成绩。一名优秀员工对企业的感恩主要是通过自己优秀的业绩，以及认真负责的工作态度来表现的。

　　企业中总是不乏一些只为报酬而工作的员工，这样的员工把拿到薪水当成工作的唯一目的。对工作，他们缺乏更高的追求和更强的动力；对企业，他们更无丝毫感情可言。

　　于是他们总是认为自己的薪水太微薄，并把它当作敷衍工作的借口。他们常常对老板抱怨不休，常常趁老板不在的时候偷工减料、投机取巧，并以此为乐。这样的员工永远不懂得感恩，他们不但将自己所得到的一切置之不理，还变本加厉地糟蹋着来之不易的恩惠。

　　笔者相信，一名对自己的企业没有感恩之心的员工也一定是个不思进取并终将一无所获的人。

　　那些在职场上打拼而获得成功的人总能抱着一颗感恩的心，他们对工作感恩，对企业负责，也因此总能在职场中展现出各种优秀的品质。这样的人最终能获得老板的青睐和赏识，并且得到加薪升职的机会。

　　由此可见，感恩和回馈企业不仅仅是一种良好的心态，更是一种成功的智慧。

No Excuse !

★职场箴言★

*

为什么要对公司感恩？

这个问题很简单，对公司感恩就是对自己的工作感恩。一个人只有对工作抱着一种感恩的态度，才会重视和热爱工作。这份感恩所牵动的不仅仅是一种心灵的震撼，更会促使你不断进步并不断完善，这样的人也一定是离机遇最近的人。

拥有一份工作就应当懂得感恩，每天抱着这样一种心态工作，那么内心深处必定是平和与快乐的。

*

5. 诚实守信，遵守公司纪律，没有任何借口

世上每一份工作都需要承担相应的责任，可以说工作就意味着责任，这没有任何借口。一名对企业诚实守信并遵守公司纪律的员工一定比投机取巧且哗众取宠的员工能获得更多的财富价值和晋升机会。

企业作为一个组织而存在于市场竞争中，必然会有一套适宜自己生存和发展的组织结构和纪律。组织的力量之所以强大于个人的力量，就是因为它是一个能够将多人力量协调一致并产生巨大凝聚力的有机体。

组织必然要拥有一套合理而健全的体制来使得目标能很好地实现，于是规章制度及纪律准则就产生了，这就是每一名企业员工在各个部门和领域履行职责时所要遵守的各种规范和章程等行为准则。

无规矩不成方圆，遵守公司纪律并服从规章制度就成了每一名员工必须履行的义务，没有任何借口。

关于纪律，英特尔副总裁虞有澄这样说道："有关纪律在庞大的组织中的作用，军队也许是最好的例证。每一天准时开始，一切都井然有序，所有的武器随时都保持清洁。事实上，士兵所接受的第一项训练就是纪律。原因很简单，在战场上严谨的纪律是制胜的关键；在商场上纪律同样重要。"英特尔公司正是认识到了纪律的重要性，才创造了如此独树一帜

No Excuse！

的企业文化。

笔者的朋友是一家国企单位的人事领导，他把遵守公司纪律当作自己的人生信条，面对自己的工作能做到诚实守信和罚不避亲。

有一次，因为工厂质检员的失职，把一批远销外国的货物漏检运出厂了。结果等到外商收到货物的时候，才发现这些货物根本不合格。朋友的女儿正是工厂里的质检员，在问明情况后朋友没有丝毫隐瞒，马上给予女儿开除处分。这一举动震动了整个企业，后来该企业的员工个个严明守纪，对待产品质量问题再不敢懈怠半分。

服从是员工的天职，一名优秀员工不论从自身职责考虑，还是从公司利益的角度考虑都应当时时遵守企业的规章制度并事事按照公司纪律来办理。企业制度是确保企业有效健康运行的法则，如果遭到破坏，就会扰乱企业的正常秩序。企业的健康发展就会受到影响，因此员工严格遵守企业制度是保证企业正常运行的前提。

这就要求每名员工在公司的规章制度面前要保持诚实守信的品质，如果员工视企业的规章制度为摆设，说一套做一套，就会有损企业的运营和发展。对企业诚实守信就是要遵守公司纪律，这样才能保证公司各项制度能贯彻落实，企业的每一名员工有责任和义务做到诚实守信。

任何企业也绝不能姑息迁就员工的违规犯戒，规章制度贯彻不好，下级就会斗志松懈且纪律松弛；反之，如果纪律严明且赏罚有度，企业的凝聚力和战斗力就会油然而生。

在职场中如果员工不能严格遵守上下班时间，就是对公司制度的亵渎。这不仅会影响到他人的工作，还会造成上司对他的不良评价。办事准时和守时是获得别人信任的基础，无论是在与客户谈生意，还是签订协议的时候，你的不守时都将使你及公司的形象大打折扣。

因此在职场中我们应当严格遵守公司的各项规章制度，而一名积极主动和忠诚敬业的员工，也必定是一个具有强烈组织纪律观念的员工。

★职场箴言★

*

笔者年轻的时候很喜欢看关于成功者的访谈节目，当被主持人问到成功的秘诀时，很多人都会说到诚信或者守纪。当时笔者认为这些

都太假了，成功的背后应该有一系列复杂的因素，而不是仅用一两个字就能概括的。到了今天，笔者认为不论是从员工还是从企业的角度来看，诚实守信和遵守纪律对于成功都是一个最好的概括。

*

6．强化服务精神，善待客户没有任何借口

中国文化中有一个核心概念，即"和而不同"。"和而不同"放在企业中，就是说客户和企业之间显然是站在一种对立的角度，这就是"不同"。可是从某方面来说，客户和企业之间又是一种双赢的关系，这一点就是"和"。只有客户和企业之间"和"了，二者才能从各自不同的角度达到相同的目的。客户与企业之间虽然各有各的目的，各有各的计划，但二者是平等的，这就共同构成了一种和谐而又可持续发展的状态。这就是"和而不同"，即一个企业的好战略。

想要做好"和而不同"的战略，就需要我们的企业强化服务意识，需要我们的员工善待客户。

记得有一年暑期，笔者朋友的公司举办了一次产品促销会，在此之前他希望笔者能到现场为员工讲两句话，以调动员工的激情，激发出他们的斗志，争取利用这次促销会刷新公司的销售成绩。

受人之托，忠人之事。到了促销会的那天，笔者硬着头皮去了，结果一进会场便看到大大的横幅上飘着"善攻"两个字。

"这是你定的促销会主题吗？"笔者立刻问朋友。

"是啊！我还把这一主题思想印到产品宣传册的背面了！"朋友一脸得意。

"你怎么会想到这两个字？"笔者继续问。

"最近不是流行《墨攻》吗？我看'善攻'挺好的。"朋友一边笑一边说。

笔者实在无法理解朋友为什么要用"善攻"这两个字来激励员工。客户与企业之间本来就是一个双赢的关系，只有客户满意了，公司才能求得发展，而这两个字却使得二者之间演变成了一种战争关系。

No Excuse !

于是在演讲中笔者擅自将"善攻"改成了"善待",笔者认为一个企业的领导者应该教导员工要善待客户和顾客,而不是教他们把客户和顾客当成进攻的对象。笔者想,一个只想怎样攻下客户并拿下订单的企业不会走得太远。

下来之后,朋友马上说道:"还是你说得对,改成'善待'好!"

"和而不同"的思想虽说源自我们的老祖宗,却被日本人很好地用了去,尤其体现在其企业理念之中。日本人的经济之所以能飞速发展,在很大程度上是与其企业理念分不开的。日本的商家能在推销产品的过程中,从客户的角度出发极大地满足客户的利益,如电梯的设置。

以前笔者从来没有留意过电梯的设置,但自从看了一篇介绍日本商品的人性化文章之后,笔者开始发现日本的电梯也很符合人性化设置。如果一栋楼有20层,日本品牌的电梯总有一部是停在10层的,而中国的电梯就没有这个设置。没有这个设置的话,住在20层的住户就必须等着电梯从一层一直升到20层,然后才能下去。其实就是这么一个小小的设置,就使得日本的电梯更人性化,并且更能得到顾客的青睐。这就是一个企业应该做到的"和而不同",也是一名企业员工应该做到的"善待"。

★职场箴言★

*

就像案例中那样,如果朋友果真把自己的企业理念定为"善攻",并且印到宣传册背面的话,那么当顾客看到这两个字的时候可能会是这样的一种心情:"难道购买该商品的我们只是他们眼中的'战利品'?"如果某一位客户会这样想的话,恐怕在下次购物中他就会选择别家的商品了。

*

7. 奉献是美德，多耕耘，少索取，超越公司的期望值

每个职场人都希望自己能够获得加薪和升职的机会，这不仅仅是因为这两件事直接关系到个人的利益，更重要的是能反映职场人在企业里的一种价值体现。因此很多人都希望自己能按照一个快节奏的标准前进，一旦公司没有按照自己的愿望满足这种标准的话，他们就会消极怠工并表示不愿再为此努力了。

这种矛盾其实在更深层次上体现了一种员工与企业间奉献与索取的关系，企业永远希望员工多奉献，少索取；每名员工又希望自己少耕耘，多收获。这种矛盾若处理不好的话，就很容易影响个人与公司的发展。

一名职业者不能将自己的工作只定位在获得报酬上，这样的话，二者关系永远得不到协调。事实上，一个人从工作中所获得的薪水仅仅是企业收益的一部分；除了这一点，这个企业还给了你宝贵的经验、专业的培训、实现自我价值的机会，以及一个社会人所渴望的归属感。与这些东西相比，那么一点点薪水确实不算什么。这样来看，就不能单纯拿薪水来与公司讨论风险与索取的比例关系。

小张是笔者同乡的儿子，几年前来笔者这里工作了半年有余。临走的时候他告诉了笔者自己的想法，他认为现在工作只是为了以后跳到另外一个薪水更高的单位，所以他时刻准备跳槽。对于他来说，任何工作都只是自己跳向更高一层的跳板。笔者听了很生气，因为这一句话让笔者抹杀了半年多来对他的一切情感。这种情感不是一种同乡之间的感情，而是一个老板与其员工之间的所有感情。但是笔者并没有表现出来任何不满情绪，而是克制住了自己想给他的忠告，然后高兴地送走了他，因为笔者很想知道这样一个只知道索取不知道奉献的人能跳到多高。

前一段时间，笔者果然又碰到了他。他仍在不停地换工作，只不过看起来并不像他当年期待的那样顺利。其实像他这样的员工笔者见过很多，绝大多数人都没有像自己期待的那样越跳越高；反而因为频繁地换工作使得很多公司不敢给予其信任。

No Excuse !

　　频繁跳槽的人常常认为自己的工作低人一等，或者认为自己的工作做得好坏无足轻重。再加上总是得不到领导的欣赏，所以他们轻视自己的劳动。在工作中敷衍塞责，得过且过，甚至将大部分心思用在如何摆脱现在的工作环境上。

　　其实，工作没有高与低以及重要与不重要之分。不管你现在从事的是什么职业，只有把自己的工作踏实认真地做好才能体现出自己的工作价值。一分耕耘，一分收获。任何企业都不会亏待一个努力奉献并为公司尽职尽责的员工的，而这样的员工不管在哪里也都能脱颖而出。

★职场箴言★

*

　　如果时间倒流，回到小张跳槽离笔者而去的那一刻，笔者会对他说出自己的忠告，即奉献与索取的关系就如耕耘与收获的关系，永远不是对立的，而是成正比的。奉献得越多，表明企业从你身上索取得越多，那么你的价值也就越大，而你的收获也就越多。

*

No Excuse！

第六章 积极职场，心怀坦荡，不为抱怨找借口

No Excuse！

1．与其抱怨别人，不如反省自我

在工作中很多人都生活在抱怨中，如抱怨公司给自己的薪水太少，上司对自己太苛刻，同事之间的明争暗斗，工作的繁忙……其实抱怨不会让你的工资飞涨，更不会让你在一瞬间就成为老板的红人，也不会让你成为公司里最具核心竞争力的那个人，更不会让你在8个小时之内完成工作。与其抱怨别人，不如反省一下自我。

在人才竞争激烈的职场环境里，很多人想为自己拼得一席之地。但入行的门槛越来越高，而薪水却越来越低。这使得大多数求职者不是想方设法提高自己的能力和职业素养，而是选择一味地抱怨。

当笔者还是一名员工的时候，也曾因为自己的工作对老板产生过很多不满情绪，很长一段时间里笔者就是在抱怨别人中度过的。但是笔者遇到了一位好的上司，他不但常常听笔者发牢骚，而且会耐心地开导笔者。

有一次他给笔者讲了这样一个故事。山上的小庙里端坐着一尊佛像，为了方便人们朝拜，山路铺满了高高的花岗岩台阶。这些台阶一路蜿蜒而上，直达小庙。每天，从四面八方来的香客就是踩着这些台阶来参拜佛像的。其实制作佛像的岩石与铺成台阶的岩石来自同一座矿山，但是大多数人从没有对此关心过。

时间久了，这些台阶受不了了，它们愤愤不平地对着佛像说道："我们都是来自同一个地方的石头，可凭什么大家都不远万里踏着我们来朝拜你啊？这么多年来，你的名气是越来越大了。可你看看我们兄弟，一个个被踩得光溜溜的，不成样子了！"一时间，所有的台阶都议论纷纷。

这个时候，佛像讲了一句话："兄弟们啊！你们每个人的身上才经过几刀呀？而我是经过千刀万剐才变成佛，才有了现在的位置啊！"所有的台阶都止住了叫嚣，再也说不出一句话来。

上司讲这个小小的故事就是要让笔者清醒地认识到自己的位置，与其

No Excuse !

作为台阶不停地抱怨别人，不如对自己做一次深刻的反省。毕竟，佛像之所以成为佛像，就是因为它耐住了常人无法忍受的千刀万剐的酷刑。

后来不论笔者走到哪里，不论是作为一名被管理者还是管理者，都将这个故事和教训深深记在心里。它一直激励着笔者不断反省自己，不断从自身寻找不满的原因。就是在这样的不断反省与完善中，笔者才一步步地走到了今天。

在今天更为激烈的竞争环境中，要想成为一名优秀的职场人士，在遇到问题和困难时就不应当抱怨和寻找借口。而应该做到自我反省，并将其当作改善和提高自己的前提条件，只有这样才能有所提高和收获。

★职场箴言★

*

如果笔者是你，就不会抱怨公司给的薪水太低，而是想方设法让自己得到升职和加薪；笔者更不会抱怨同事间的明争暗斗，因为笔者相信自己一定会成为胜出的那一个；笔者也不会抱怨加班频繁，因为笔者一定会在8个小时内高效地完成分内的工作。如果你像笔者一样做到了这些，相信不久的将来你一定比笔者更加优秀。

*

2．与其以抱怨来对抗，不如以行动来改变

也许在你看来，在工作中别人的确做了许多让你值得抱怨的事情。例如，这个月的奖金没有兑现，你的同事趁你请假不在的时候撬了你开发的客户，你无缘无故地遭到人事调动……有太多的事情让你有理由抱怨，有太多的人让你不得不抱怨。

这些抱怨在一个企业和老板看来都是你为自己不努力而寻找的种种借口。房龙说："当世界抛弃了你，而你又无法改变时，你才有权利抱怨。"不少人在平时的工作中常常推责于别人，对别人生出这样、那样的抱怨，却很少从自己的身上寻找原因，很少想要通过自己的实际行动来改变这种

No Excuse！

不合理的状态。

五一长假期间，笔者参加了一次同学聚会。当笔者问到在国企工作的张山的近况时，大家面面相觑。后来才知道，三十几岁的张山已经内退在家，每个月只能拿到几百块钱的生活费。

刚开始张山很受领导器重，工作不久就被提拔当上了科长，一年后又当上了厂长助理。张山有很强的工作能力，但就是爱发牢骚。厂长认为他还年轻，给他时间历练历练就会改掉这个毛病。

可是张山自从做了厂长助理后不但没有改正缺点，反而变本加厉了，甚至对厂长抱怨不休。最后厂长对他失去了信心，先免去了他厂长助理的职务，接着又免去了他科长的职务。张山不但不加反省，抱怨话却更多了，这样过了几年厂长只好让他内退了。

其实，如果张山能够吸取教训改掉抱怨的毛病，是很有前途的。那些在事业上取得成功的人大多只是一些工作在平凡岗位的普通员工，但是和一般人不同的是他们从不抱怨公司。而是认真干好自己的工作，最终通过努力用自己的行动来证明自己的价值。

只有当你无法改变时，才有权利抱怨。别人的意见与做法其实都有其一定的合理性，只不过从自身角度考虑让你认为很多人和事都是针对你的。这时，以抱怨来表示对抗就不如设法改变。

就像小时候经常会遇到让路的问题，两个人相向走上一条独木桥，在相遇的时候谁也不肯相让。这两个人都说有急事而不肯让对方先过，就这样两个人在互相抱怨的过程中浪费了很多时间。其实，只要有一个人愿意改变一下自己，退回去让对方先过桥，那么这件事情就不会被耽搁下来了。

在工作中也是一样，当遇到两个人相向而行的问题时，与其用抱怨来表示不妥协，不如用行动改变一下自己，因为没有谁会因为你的抱怨而改变自己的心意。

毕竟，每个人在工作中都有相同的目的，那就是为了实现共同的利益。在现实中设法用自己的行动来改变僵持的局面，不是一种妥协。也完全没有必要讨好这个人，你甚至都不需要与其达成一致意见。继续讨厌或厌烦他也无妨，因为这不影响你做出改变，只要自己退回来让他过去即可。

No Excuse！

一个职场人要清楚没有人愿意为自己制造麻烦，也没有人会把你的愤怒和抱怨当一回事。但是如果你因为他的过错而让自己陷入无穷的愤怒中，那么最终受到伤害的只能是自己。

在职场中拼搏，总有许多人让我们感到郁闷，总有许多事让我们很想抱怨。但是不论郁闷也好，抱怨也罢，都不是一种很好的表示对抗的方法。唯一能做的就是用行动来改变自己，并且改变这个让人抱怨的环境。

★职场箴言★

*

美国成功哲学演说家金·洛恩说："成功不是追求得来的，而是被改变后的自己主动吸引而来的。"在这个艰难的社会驰骋，就像在走独木桥，遇到迎面而来的麻烦时你是否尝试过用自己的行动来加以改变呢？

*

3．与其抱怨收获少，不如努力去耕耘

笔者的一个朋友现在是个非常著名的保险业务员，可就在几年前他还是个业绩很差且收入甚微的低级推销员。

当时中国的保险业还不尽如人意，也不像现在被大多数人所接受。而朋友生性腼腆，让其每天劝说陌生人买保险，的确不是一件容易的事情。刚做保险的时候，朋友甚至每个月连吃饭的钱都挣不够。因此他时常向笔者抱怨这个行业多么不好干，从别人手里拿钱是多么的难。

一次他在一个小区转悠，试图向遇到的人们推销保险。这时他看准了一位坐在小区公园长凳上的老人，于是他就在老人的旁边坐下，开始滔滔不绝地说起投保的好处。没想到，在他说完后老人只是摇了摇头说："小伙子，你说的这些东西我一点兴趣也没有啊！"

朋友仿佛被浇了一瓢冷水，立刻心灰意冷，失望极了。他慢慢站起身，垂头丧气地整理了文件，正打算向老人告别。可是没有想到，那位老

No Excuse!

人说:"小伙子,不要抱怨什么。是你说的的确没有什么吸引力,要努力啊!"

朋友红着脸走出了小区,一路思索着老人说的话。虽然老人很无情地拒绝了他,但对方说的的确有道理,一定是自己有问题。后来他为了提高自己,专门请公司的业务高手传授经验。有的人不肯将自己的经验传授于人,可朋友一点也不气馁。他会想方设法从别人的口中套取经验,而且还会偷偷地观察别人的推销过程,听别人是怎样劝说人们改变想法决定买保险的。

再后来,朋友的业绩渐渐上升了,可他依然很努力地积累着推销的经验。他每隔一段时间就会宴请自己的客户,请他们指出自己的缺点和对自己的不满,然后他都会将这些经验和教训认真地总结。

对于上司和同事的一些批评,他也会默默忍受,不会为自己找任何借口。他把一些难听的评价当成忠言记录下来并深刻反省,然后改正。随着毛病的减少,他渐渐成熟起来。

他在不懈努力下终于得到了回报,几年后他的业绩竟然达到区域第一的水平,而现在他已经成了总公司的销售冠军。

在工作中有些员工经常会抱怨自己得到的工资太少,或者会抱怨自己的工作付出大于自己的劳动收获。其实这只是我们不够努力的借口,任何企业都不会亏待那些对公司有所付出并有所奉献的员工。如果不努力耕耘,永远得不到丰厚的收获。

当你认为待遇不够丰厚的时候,就不如先瞧一瞧自己,看是不是因为自己还不够努力才没有得到足够的回报。要知道,如果无法改变别人,最好的方法就是改变自己。通过努力让自己变得更有价值,那么你的劳动所得也一定会如愿以偿。

★职场箴言★

*

人人会遇到一些问题让人想抱怨一下或者发两句牢骚,但是过后不要忘了搬个梯子爬过去。如果当年笔者的朋友没有遇到那位让他碰了一鼻子灰的老人,他永远不知道自己可以从一个推销菜鸟成长为一名销售冠军。

No Excuse !

4. 与其抱怨自己太忙，事太多，不如改变工作方法和统筹技巧

有的员工经常会把不满和不幸的事挂在嘴边，之后又抱怨自己太忙，事太多，工作总是把自己搞得筋疲力尽等。其实抱怨自己太忙和事太多，或者总干不完活并总是在加班的人，太过于强调"别人"了。他们总是认为给自己如此大压力的人是老板，是上司，是周边的同事，却从未从自身查找过失误的因素。

一个朋友很不满意自己的工作，他经常愤愤不平地对笔者说："我的老板一点也不把我放在眼里，每天给我安排做不完的事情。还整天对我拍桌子，嫌我做得不够好。总有一天，我要辞职不干。"紧接着，他就开始滔滔不绝地诉说每天他怎样加班并且怎样焦头烂额地忙自己的工作，而老板怎样无视他怎样对他大吼大叫。还说这就是赤裸裸的"剥削"，竟然还问笔者是不是也是这样的老板。

笔者知道，现在对他正面劝说一定起不到什么好作用，他可能还会说什么"天下乌鸦一般黑"之类的鬼话来挖苦笔者。于是笔者对他说："我举双手赞成你的决定，是该辞职。像这样的黑心老板一定要给他点颜色看看，但是你不能就这样辞职。"

朋友听了一脸疑惑。

"如果你现在走了，你的黑心老板还会为踢走你这样一个'负担'感到高兴呢！你应该让他认为你很能干，那么你的离开就会使他觉得是一大损失。而且可能还会想到你有可能带走他的一些重要客户，然后老板一定会对你的离开惊恐不安的。"

"是啊！有道理！"最后朋友信心满满地走了。

几个月后，笔者在一次聚会上见到了这个朋友。笔者故意装作好奇的样子问他是不是已经离开了那家公司。朋友得意地笑了笑说："现在想走也走不了了，近半年来，老板对我非常器重。不断给我加薪升职，而且还决定给我一部分的公司股份。我想在这样的情况下，我就没必要跳槽了，

No Excuse !

不是吗？"

笔者故意露出很吃惊的表情说："事情怎么演变成这个样子了呢？你的老板不是非常黑心吗？"

"唉！一言难尽啊！"朋友接着说道，"那次见了你之后，我认为你说得挺有道理。于是我就下决心做出个优秀员工的样子来，好让老板为我的离开感到惋惜。我看了不少职场方面的书，试着改变自己的工作方法和统筹技巧，果然对我启发很大。起先我只是能做到按时完工，后来我开始尝试做本职工作以外的一些事情。在我做得很好的时候，就得到了老板的大加赞赏。接着老板便给我加薪升职，夸我表现出色等。现在，我决定暂时不离开了！"

"哈哈！我早就料到啦！"笔者笑着说，"当初老板不重视你，是因为你的能力不足，又不努力。可你通过努力证明了自己的实力，老板当然会对你刮目相看了！要知道，没有哪个老板会傻到赶走自己最优秀的员工的！"

在工作中很多人会抱怨自己的事情太多，任务太重，当别人都能将事情轻松完成时只会认为自己得到的待遇不公。其实遇到这样的事情应该多从自身角度考虑，抱怨是永远解决不了任何问题的。

★职场箴言★

*

笔者想当时若不是为朋友出了这样一个主意，朋友到现在可能都还在抱怨待遇不公，而认识不到自己通过努力也可以做到更好的。现在很多年轻人总是抱怨自己的工作太忙或事情太多，而且总把造成这种状况的原因归于公司或老板。其实这很有可能是工作方法的原因，试着改变一下工作方法和统筹技巧，说不定就能解决问题。

*

No Excuse !

5. 与其羡慕别人做得好、拿得多和升得快，不如俯身多请教、多充电

在现代社会里能在别人面前趾高气扬并昂首阔步的人到处都是，但是大多数人只不过是在虚张声势，因为真正优秀的人是那些从来不会骄傲和颐指气使的人。

在职场中很多员工总是羡慕别人做事情做得好、拿钱拿得多和升职升得快，却从来不想放低姿态，虚心请教。而这样的人也很难得到老板的青睐和欣赏。

笔者朋友的弟弟是工商管理硕士出身，在现代这个人才济济的社会，这个高文凭成了他最强的竞争力。因此在毕业后他就找到了一份很不错的工作，可是短短几年时间里，他却换了好多个单位。朋友每次都会问他到底是因为什么原因辞职，他只是找一些这样那样的理由说待不下去，最后只好辞职。

后来朋友经多方打听，终于弄清了事情的原委。因为学历高，所以朋友的弟弟在刚毕业时就得到了众多单位的青睐。并且很快便进了一家大企业，可是他并没有像预想的那样得到应有的待遇。

工作第一天，他就受到了人们的冷落，在这里每个人都有很强的实力，因此即便你有很高的学历也要从零开始。

就这样，这个年轻人带着不满的情绪干了3个月，却迟迟拿不出什么像样的成绩。在决定去留的问题上，公司做了很大的让步，决定再给他一次机会。因为领导相信通过努力，他可以把工作做好。

3个月又过去了，年轻人总是羡慕别人做得怎样好，职位升得怎样快，却从来不肯虚心向人请教。结果他依然跟不上公司的进度，公司终于决定将其辞退。

之后，他被一家公司聘为人事部门经理，这是一家小公司。他本以为自己能够胜任这份工作，于是摆出了一副高高在上的派头。可是他毕竟还是个新手，又不肯向下级和前辈请教。最后依然无法胜任工作，就这样他

No Excuse !

很快又丢掉了这份工作。

辗转几次之后，朋友的弟弟仍然一无所获。既没有提高能力，也没能积攒下来经验，唯一能拿得出手的东西就是一纸文凭和一张履历。用朋友的话说，他的弟弟现在就是典型的高不成低不就。而笔者认为他根本就没有高起来的资本，他把自己唯一值得骄傲的东西——文凭也给毁了。

作为一个优秀的职场人，当自己能力不足时要学会放低自己，虚心向人请教。这样才能得到好评，同时提高自己的能力和业务水平。可是有些员工总是不能放低自己的身价，结果只能暗暗羡慕别人取得的好成绩、老板的青睐，以及加薪升职，而自己只能落得个被淘汰的下场。

★职场箴言★

有一位作家这样说过："现代社会中昂首阔步和趾高气扬的人比比皆是，然而有资格骄傲，却不骄傲的人才真正高贵。"在职场中有些员工总是高估自己，即使别人比自己优秀，也只是暗暗羡慕。不肯放下自己的身价，俯身请教于人。这样的人就像案例中的年轻人一样，永远没有办法成功。

*

6. 与其埋怨人际关系很冷、很乱，不如用心多经营

人们常说，三分做事，七分做人。在职场中应该用心经营好自己的人际关系，因为它常常决定一个人的成败。

良好的人际关系将会使一个职场人在工作中如鱼得水。无论如何，经营好你的人际关系就是你在职场中得以生存和发展的前提。

朋友小牛最近很郁闷，因为她刚刚转行，做了一份新工作。小牛曾经是一名文字工作者，在一家报社做了5年的文字编辑。但是有一天她突然心血来潮，说自己厌烦了文字工作，想要尝试一下其他行业。于是就进了一家外企的公关部门，可是做了没几个月就再也无法忍受了。

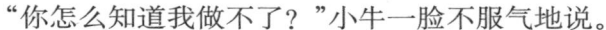

"你不适合这个工作,公关部门的人需要很会经营人际关系,而你在这方面完全不行。"笔者毫不客气地对她说道。

"你怎么知道我做不了?"小牛一脸不服气地说。

"因为你的脾气太倔了,性子太直了。又做了5年的文字编辑,斤斤计较已经成为你性格的一部分。你这样的性格和这样的心态,又怎么能够处理好公关部门复杂的人际关系问题呢?"

"也许你说得对。"小牛终于妥协了。

"人性本来就很复杂,而一个企业的公关部门就是一个最复杂的地方。像你这样整天抱怨人际关系复杂的人怎么能有心好好经营人心呢?"笔者最后说道。

可是小牛依然有些不服气,她说:"我又不是'应召女郎',为什么让我去陪客户喝酒?如果公司的产品好且质量高的话,用得着给媒体送礼,还美其名曰'与媒体建立良好的长期合作关系'吗?"

面对这种情况,笔者不知道自己应该说些什么。笔者想在职场中的确还存在一些这样的员工,他们通常认为做好自己的本职工作就可以了,而往往忽视自己的人际关系网。等看到别人因为人际关系处得好而获益时,又只会抱怨这个社会形势及人际关系冷漠等。其实这都是在为自己找借口,只要用心工作,每个人都能经营好人际关系。

一般来说,在职场中每个人都应该处理好以下几种最基本的人际关系。

(1)上司

与上司处好关系是前提,而秘诀就是先尊重后磨合。作为上司,一定有他的过人之处。不管在工作中这种过人之处有没有体现出来,职场人都应该对上司保持尊重。要始终怀着一种学习借鉴的态度对待你的上司,而不要时刻挑剔其缺点和不足,并抱怨其苛刻和不近人情。在此基础上你才能和上司营造一个和谐的氛围,这样再慢慢磨合你就能轻易得到上司的信任。

(2)同事

对同事要多多给予理解和帮助,而不是抱怨。同事不是朋友,与同事之间的关系可以用竞争与合作来形容,因此我们不能太苛求。

在工作中发生误解和争执的时候应该多多给予理解,可以试着从对方的角度考虑一下其处境。在平时也应该多给同事一些帮助，但这并不表示要对同事无条件地支持。帮助不等同于支持，这是两个概念，要谨慎对待。

(3) 下属

对待下属，抱怨和批评是永远行不通的，一名领导者就应该多聆听和帮助下属。聆听就是指聆听他们的想法和意见，帮助就是尽可能地帮助员工发挥其工作积极性；同时还要给予鼓励和尊重，这样你就一定能够得到下属的爱戴和拥护。

(4) 客 户

对待客户更不能埋怨，以一名企业员工的身份对待自己的客户只能用两个字来概括，即善待。从利益角度考虑，客户就是我们的衣食父母，顾客就是我们的上帝。为了公司的利益，应当善待、服务并支持客户，这样企业才能与客户形成一种互惠互利的发展关系。

★职场箴言★

*

成功学家卡耐基说过："如果你想学会待人处世，那么就请你记住3大原则，即不批评、不责怪和不抱怨，只有不够聪明的人才批评、指责并抱怨别人。"

人际交往贵在用心经营，将心比心地体谅你周边的人，相信你一定能收获人心并获得良好的人际关系，而这将成为你在职场中获胜的关键。

*

No Excuse！

第七章 做解决问题的实干派，抛弃借口做大自己

No Excuse！

1．解决公司的问题就是加薪升职的机会

　　加薪升职永远是职场中最敏感的话题，尤其在CPI指数不断创出新高，物价不断飞涨的背景下，这个问题不仅仅是一个职场人实现自我价值的最高体现，还成为关系"生死存亡"的大问题。

　　于是很多员工一天到晚都在琢磨到底该如何向老板提加薪，该如何暗示老板给自己升职。其实员工要想实现加薪升职，最简单的一个方法就是让老板时刻想到你，让企业时刻关注你。

　　一名员工只有在企业最需要的时候勇敢且大无畏地体现出自己的职场价值，才能博得企业对他的关心和关注，而这时也就是他得到加薪和升职的最好时机。

　　朋友小杜是一家电子生产企业的中层管理人员，在这家企业短短两年的时间里他带领手下的员工两次刷新车间生产记录，让40多个人获得了加薪的机会，同时也让自己得到更多的升职机会。当有人问他是如何成功做到升职加薪时，他说："时刻把公司的问题当成自己的问题，这就是你加薪升职的机会。"

　　在小杜刚到这家电子生产企业的时候，其电子产品正处于低谷期。像以前批量生产的随身听、复读机，以及CD机正面临被新兴产品淘汰的命运。为此，很多部门的员工都纷纷离开了，只有小杜带领自己部门的员工要与企业共渡难关。他说在一家企业不是每个人都能有机会与企业共患难的，而危机往往伴随着机会。

　　小杜每天坚持开早会，为自己的员工鼓劲，在那个时期他的部门没有一个离职的。后来在公司成功转型渡过难关以后，小杜自然得到了公司的重用。

　　很多时候小杜会主动接过别人百般推辞的工作任务，这些"没前途"的工作在小杜眼里就是一次次升职加薪的机会。就连领导都不抱希望的一些问题，小杜都要接受。他说领导不抱期望更好，这样自己就不会产生任何

No Excuse !

压力而可以放手去做。一旦做成了，那么就又一次赢得大的机会了，小杜就是这样一次又一次赢得了升职和加薪的机会。

要想在一个企业里得到生存和发展，就要明白是谁决定了你的薪水，又是谁决定你是否应该加薪。从微观上说，是你的上司和老板决定了这一切；而从宏观角度来说，是企业决定了这一切。不论从哪种角度看，员工升职加薪的问题最终都取决于你对公司所做的贡献。

如果一名员工总是能够为公司化解危机并解决企业面临的最困难的问题，那么他一定会受到老板的青睐。就是从公司的利益角度出发，老板也会慷慨地为他加薪升职。

公司遇到问题的时候就是你升职加薪的时候，一名优秀的企业员工应该认识到这一点，并时刻把公司的问题当作自己的问题来解决。

★职场箴言★

*

当你的公司面临运营困难或陷入财政危机时，你是否像大多数人那样为自己的前程惶惶不可终日呢？"树倒猢狲散，这是人之常情"、"我总要为自己的前途做准备"……这时的你是否又为自己的跳槽找足了借口呢？

就在大家各奔前程的时候有些人却留了下来，他们不为自己寻找任何借口。而是静下心来想怎样才能与公司同患难共进退，因为他们知道危机也是一种机遇。

*

2．自己的问题就是提高完善自我的机会

永远不要为遇到的问题寻找借口，只管努力去解决。尤其是自身的问题，因为每一次解决问题都是提高完善自我的机会。

（1）解决工作态度问题

一个职场人永远不要只为了钱而工作，比起拿到的那点薪水，你要承

担的责任更为重要。

小强毕业后进入了一家外企。因为学历低，小强与公司签订的是临时合同，更可怜的是那时他每个月的工资不足600块。小强省吃俭用，并没有抱怨自己工资少，而是更加努力地工作，他用比别人多出4倍的工作量很快提升了自己的业务能力。终于小强得到重用，很快转为正式员工，而现在他已经坐到部门经理的位置了。他说当你被要求承担更多的责任时，不要畏惧，更不要觉得委屈。因为那个时候一定就是你加薪的时候，要知道收入和责任永远成正比。

薪水是你的工作所得，但工作绝不仅仅是为了薪水。比解决生计更重要的就是在工作中充分挖掘自身的潜能并发挥自己的才干，以实现自身价值。

(2)争取时间并集中精力解决问题

在工作中，时间问题永远是员工最容易找寻的借口，一个职场人首先应该合理安排自己的时间。在上班的8个小时中首先应该保证精力集中，而不是花费在浏览花边新闻和淘宝网页上，这应当是最基本的职业要求。在此前提下，如果你仍不能解决好自己在工作上的问题，那么就应该花费更多的精力和时间，哪怕贡献出一天24个小时的时间都应当义不容辞。

争取时间并集中精力解决面临的问题，这是提升自我的最佳时机，因此不要妄想找借口逃避问题和责任。

(3)借口和抱怨只会成为进步的阻碍

一个人在工作中遇到问题时，应当保持一种积极乐观的心态去解决它，没有人喜欢怨声载道的员工，而且你的抱怨最终会取代你的努力成为同事或上司对你的最终评价。在工作中要时刻发挥你的聪明才智，没有任何借口地去努力解决问题。

"这是公司管理的漏洞"、"这不关我的事"、"这是制度上的失误"……不要试图把你的问题推到他人甚至公司身上。要知道人无完人，而任何公司或部门也一定有不完善的地方，因此才需要我们的存在。义无反顾地去解决问题，迅速开动脑筋寻找解决的方法。在这个过程中你的能力在提高，而老板对你的信任度也在提高。自己的问题永远不要期待别人会为你解决，如果一个职场人连自己的问题都要逃避，又怎么能很好地解决公司的问题，并且能有所提高呢？

No Excuse !

★职场箴言★

*

"我经常能把工作处理得很好"、"我从来没有遇到过任何问题"……没有问题才是最大的问题。作为一个企业的老板,笔者最不想听到员工这样评价自己的工作。笔者始终认为,遇到问题不怕,怕的是无法意识到这是一个完善自我和提升自我的机会。

*

3. 老板的问题就是你赢得信任和器重的机会

第26任美国总统罗斯福曾经就任美国助理海军部长,有一天他的好朋友前来拜访。聊天时,老朋友问起海军在加勒比海一个岛屿建立基地的传闻。为了确认是否确有此事,朋友小心翼翼地问道:"我只要你告诉我,我听到的传闻是否确有其事?"

当时,朋友要打听的事是海军部不便公开的机密,那么罗斯福是如何解决这个问题的呢?他望了望四周,煞有介事地压低声音问朋友:"你能对你的头儿保守秘密吗?""当然能!"朋友连忙答道。"那好!"罗斯福笑着说,"我也能!"

在发展过程中一个公司就如同一艘驶往成功码头的大型蒸汽船,操纵这艘船扬帆远航不仅仅需要大量的财力和物力,更需要一名敢于乘风破浪的船长和一群忠于船长、忠于这条船的水手。想要把公司运营好,就需要所有船员在把自己的工作做好的前提下尽力帮助同伴并协助船长,努力将这艘船安全平稳地驶向目的地。

小英是笔者的好朋友,虽然长相一般,学历也不算高,但她在一家房地产公司谋到了一份职位。作为老板的助理,小英的位置与老板的办公室只隔着一层透明玻璃。因此小英时时观察着老板的举动,时刻准备着帮助老板解决一切问题。

一年后,公司的运营出现了困难,并且已经有3个月开不出工资来

No Excuse !

了。公司上下变得躁动不安，不少人已经辞职离开了。老板虽然没有说什么，但是小英知道老板是最着急的一个。老板每天都加班到一两点，想尽一切办法挽救公司。

小英没有离开，直到有一天老板的办公室只剩下小英一个人。一天，老板找小英谈话，问小英为什么没有离开公司，小英回答："身为总经理助理，您一天没有倒下，我就应该坚持一天。况且我认为公司还有希望，难道您不这样认为吗？"

"是的！"老板听了很感激，"公司只是暂时出了一点状况，这点困难只要通过努力是可以克服的。"

之后，老板立刻委派给小英一个任务，让她负责一个房地产项目。并告诉小英，只要这个项目能够做成就能挽回公司的损失。几个月后这个项目顺利完成，小英为公司拿到了救命的资金，公司摆脱了危机。

小英就这样帮助公司拿下好多个大项目，推动了公司的发展壮大，她也从总经理助理一直做到副总经理的位置。

小英之所以能得到老板的青睐，是因为她总能将老板的问题当成自己的问题来处理。在职场中她做到了对老板不离不弃，并对公司尽职尽责，始终本着帮老板解决一切问题的态度去努力工作。

一个公司的成功不仅仅意味着老板个人的成功，也意味着每名员工的成功。只有将老板的问题和整个公司的问题当作自己的问题去解决，才能最终赢得老板的信任和器重。

★职场箴言★

*

很多年轻人问过笔者同样的问题："作为一名员工，怎样才能在众多同事当中脱颖而出，得到老板的信任和重用呢？"

笔者的回答很简单，就是时刻忠于老板，一名时装设计师说过："在一个工作小组中，你通常可以知道每一个人的情况，而唯有表现突出者才会脱颖而出。"怎样才能脱颖而出呢？笔者想不是你很能干，也不是你很聪明，而是你很忠诚，即能始终把老板的问题放在第一位，愿意与老板共患难的员工一定是老板最信任的优秀员工。

*

No Excuse !

4．同事的问题就是你构建人脉获得友谊的机会

在职场中，同事之间的关系最为微妙，这种关系既包括合作，又涉及竞争。但不论是合作还是竞争，从大的角度看，同事是与自己一起工作的人，与同事相处得如何直接关系到自己的工作、事业的进步与发展。

相互尊重是处理好任何一种人际关系的基础，应该做到尊重你的同事。因为同事关系以工作为纽带，一旦处理不好，就会很容易影响到工作的进度；另外，尊重同事还能帮你构建人脉获得友谊，不管怎样，多一个朋友总比多一个敌人好。

把不可能发展成朋友的人发展成你的人脉，这是每个职场人都应该知道的潜规则。因此在工作中不管是出于集体利益考虑，还是从个人利益出发，帮助同事解决问题能为你积攒一定的人脉。

朋友的妹妹小麦得到了一份售货员的工作，这是一家小型超市，因为其中一个售货员要回家生孩子就发布了招聘广告。

小麦来的前几天，要回家生孩子的售货员小秦负责与她交接工作，因此小秦还没有正式离职。有一天，一位老顾客来电话订购了一大批货物，一定要求小秦送货上门。客户订购的全是沉重的东西，小秦又大着肚子实在不方便行动。看着左右为难的小秦，小麦想到一个办法。

"这样吧！"小麦说，"顾客可能就是不放心，您把凭条打印清楚，然后再签上你的名字。只要货物没问题，我想顾客也不会不高兴的。"小秦点点头同意了。

就这样，小麦代替小秦送了货，小麦和小秦两个本来没有必要相识的人结下了友谊。日子就这样一天天过去了，转眼小麦也已经在这家超市工作了两年。有一天，她接到了小秦的一个电话。原来有一家国际连锁超市在招募收银员，小秦正好有认识的关系，就介绍小麦进了这家跨国企业，工资比以前高很多。

适当帮助同事解决问题就有可能是一次获得友谊的机会，要知道在职场中与你接触最多的人就是你的同事，应该重视与同事的关系。如果同事

遇到了困难，如果你有能力就一定要鼎力相助，因为这是增进双方感情的机会。要相信，你的付出总有一天会得到回报。

另外，当同事遇到一些麻烦事又不好向人倾诉时，最好想办法保护好对方的隐私。隐私与个人名誉密切相关，如果你不是替人保密而在背后大加议论，那么自然会失信于人。这样，于人不利，于己更不利。

对待同事的问题要像对待自己的问题一样，同事之间相处难免发生不愉快。如果出现失误，应当主动向对方道歉，征求对方的原谅。不要一拖再拖，把问题复杂化；如果误会，更要主动说明。以免使对方耿耿于怀，从而影响同事关系和工作。

★职场箴言★

*

如果有人问笔者职场中最看重与谁的关系，笔者的回答一定是同事。人的一生在职场中奋斗几十年，想想与同事朝夕相处的时间不亚于家人，而且就工作来讲，同事间又是一种合作共赢的关系，不管怎样都应该把增进同事感情放在第一位。更何况把同事的问题当作自己的问题来解决，也有助于你构建人脉并收获一份友谊。

*

5. 客户的问题就是你积累业绩的机会

在职场中做事，很多问题都能成为你成功的机会，如在对待客户的问题上。对于一个企业来讲，客户就是企业生存和发展的关键；对于一名员工来讲，帮助公司挖掘到精诚合作的客户，使企业走向成功就是你实现自身价值和积累业绩的表现。

企业员工必须充分认识到为顾客提供优良服务的重要性，从某方面说帮助客户解决他们实际面临的问题，说不定就是你争取客户和积累业绩的机会。

在开发一位新的潜在客户的时候需要多次跟踪并回访客户。这一阶段

No Excuse！

是最困难的，如何与客户建立信任关系成为争取客户的关键。

笔者的朋友小李是一家空调销售公司的销售代表，这天他来到一家公司想要推销空调，可是公司的负责人一再说自己不需要更换新的空调。

"你还是放弃吧，我们明年就要更换办公楼了，不如到时候你再来吧！"负责人最后不耐烦地开始送客。

小李是个聪明人，他随即打听了一下这家公司更换办公楼的原因。原来这栋楼的物业费要涨价，公司不满意新的价格，因此打算换个地方重新租赁场地。这下子小李总算抓住了问题的关键，他立刻向客户提出了两个方案："第一，我会向公司申请，如果您搬家的话，我们只会收取很少的费用帮您搬运空调；第二，我去找这栋大楼的物业经理谈，让他们降低租金。"

客户立刻明白了小李的意思，于是答应如果真能降低这栋楼的租金的话，他们一定更换空调。就这样，小李立刻从这两方面着手，首先向公司递交了第一条申请，接着又找到物业经理重新商讨租金的问题。

"我是张总的助手，想和您商谈一下租金的问题……"小李开门见山，可是还没说完就被物业经理打断了。

"租金不可能再减了，你看看现在的房价，这已经很便宜了。"物业经理说。

"我们张总是希望您把租金降低30%，否则我们就要另寻一家更便宜的写字楼了，我想这并不是一件多困难的事情。金融危机这么严重，很多公司都面临倒闭的危险，像我们这么稳定的公司恐怕已经很难再遇到了。"小李说道。之后物业经理开始犹豫起来。

3天后，物业经理主动打电话同意降低租金，而小李也成功得到了一个大客户。

企业销售人员面临的竞争相当激烈，如果想要赢得更多的客户提高自己的销售业绩，就需要站在客户的角度，帮助客户解决实际所需。这样便能得到客户的信任和感激，从而成功地达到目的。

除此之外，员工还要懂得处理好客户的抱怨，客户与客户之间的影响力是非常广泛的。一旦其中一位客户不满意你的服务态度，那么其他客户也会受到影响，从而严重威胁企业的形象和声誉，因此企业员工需要小心对待客户的一切问题。

No Excuse !

★职场箴言★

*

不要逃避问题，因为问题时常与机遇相联系。当客户遇到问题或产生不满时，你可以把它看作是企业的危机，但也可以看作是提升业绩的机会。一旦你能从客户的角度考虑问题，为客户解决难题并最大限度地满足客户的需求，就能赢得客户的好感与信赖。

*

6．对手的问题就是你脱颖而出的机会

很多时候在职场中奋力拼搏时，我们会将自己的竞争对手看作是死敌。在你的职业生涯中，突然半路杀出个程咬金阻挡了你的升职路。任谁也会恨得咬牙切齿，也许还会不择手段地排挤对方。

其实有句话说得好，棋逢对手，将遇良才。对手的到来不一定就是个难以解决的问题，说不定反而是你脱颖而出的机会。

两个月前，笔者从其他公司挖来一位市场推广"高手"，这是一个俊秀且干练的年轻女孩子。

"我叫'娜娜'，请各位多多关照。"娜娜笑容可掬地跟大家打招呼。可笔者却敏锐地发现办公室里充斥着一种异样的气氛，并不是所有人都欢迎这位新到的"高手"，小尹就是其中一个。

小尹在公司做了3年，并且业绩良好，笔者本来就打算提升他的职位，但笔者知道娜娜的到来给了笔者重新考验小尹的机会。果然小尹靠自己的老关系从人事部门了解了娜娜的背景资料，即名牌大学毕业，原公司资深职员。并且有丰富的行业经验和客户资源，这让小尹捏了一把汗。

第一次策划会上娜娜展露锋芒，这不得不让小尹刮目相看。他发现娜娜的策划案条理清楚并有创意，让在场的人都赞不绝口。

"新官上任三把火，这只不过是她在虚张声势"，小尹虽然在嘴上这样安慰自己，但是笔者已经看出来他的紧张和不自然。

矛盾终于激化了，小尹在几个月前瞄准了一家大客户，并且已经跟踪

No Excuse !

了3个月，可总是差那么一点不能达到目的。这次公司决定让小尹接受新项目，而这个未完成的项目就交给娜娜来做。

"新人嘛，需要一些锻炼！"虽然主管说得很诚恳，但小尹的心里依然感到不是滋味。

虽然很不甘心，但小尹还是服从了公司的安排，将自己跟踪了3个月的项目移交给了娜娜。

在准备新项目的过程中，笔者发现小尹格外用心。面临对手，小尹已经过了自己这一关，现在他只想把新项目做好。

一个礼拜之后新项目被敲定了，公司还为小尹开了一个庆功宴，而娜娜这边的工作却没有丝毫进展。

又过了一个礼拜，娜娜的项目还是没有什么进展，于是公司决定让小尹协助娜娜完成。一个月后经过两个人的努力，小尹终于拿到了项目合同书。这的确是一单大生意，值得庆祝，但是笔者认为更应该庆祝的是小尹不负众望，终于凭借自己的实力在对手面前胜出。于是在这次的庆功宴上，笔者宣布提拔小尹为项目主管。

在对待对手的问题上，优秀的职场人应该保持冷静，千万不能因为多了一个强有力的竞争对手就心慌意乱。此时的冷静能体现出一名资深员工的大将风度，之后你可以仔细观察和衡量对手的能力与个性，然后抱着一种自信的心态努力工作。要相信自己的实力，毕竟你在公司的时间更长，而且比对手拥有更多的信任度。

在大多数情况下，只要你不在对手面前露怯或者做出一些攻击性的行为，那么完全可以通过自己的努力脱颖而出。要知道越是在竞争对手面前获胜，越能更多地体现出你的最大价值。

★职场箴言★

*

不管对手是深具职业素养的优秀职业人，还是一个不如你的职场新手，你都要采取公平竞争的手段来迎接挑战。这时即使是输了也不必气馁，因为敢于承认别人的实力已经证明了你是一个成熟的职业人。

*

7. 朋友的问题就是你回报友谊并积累人心的机会

小利和公司的一位同事一直像朋友一样亲近，周末她们会一起去餐厅吃饭，并且参加单身俱乐部。闲暇的时候她们互相交流自己的家事，谈论自己的感情问题，过节的时候还会互赠礼物。总之，小利一直为拥有一份这样的友谊而感到骄傲。

前段时间，朋友升职成为她的上司，这本是一件值得高兴的事，可小利却发现两个人之间的关系不像以前那样和谐了。小利想借着朋友的关系尽快升职，可每次与朋友讨论自己的晋升问题时，朋友都会找这样那样的理由说她的想法不够成熟，从而一票否决。

慢慢地，她感到这种上下级关系影响了她们的友谊，两个人之间逐渐产生了隔膜。小利想照这样发展下去，她们迟早会演变成敌人。于是她决定辞职，以此来挽救这场友谊。

听了小利的叙述，笔者不知道应该怎样安慰她，笔者认为她的行为无法用对错来评价。但是站在一个职场人的角度来看，笔者认为她的牺牲至少是不值得的。

在这个社会上寻求生存和发展的机会，必然离不开经营人心。很多时候，把朋友的问题当成自己的问题是一个积累人心的机会。但是这并不意味着要做出多大的牺牲，况且这种牺牲并不值得。

在职场中想要收获友谊就要首先学会付出。要遵守的基本原则是可以真诚相待，但不要刻意相求。虽说职场上的私交大都带有功利的目的，但也要因人而异。一般来说，只要你能真诚相待，也一定能得到对方的真诚相待。

因此无论是和上司以及同事的友谊，还是与客户的私交都要排除一切功利因素。也就是说不要将友谊和工作混为一谈，既不要利用这种关系，也不要被这种关系所利用，否则最后你所损失的不仅仅是友谊。

另外，即使是职场朋友之间，也要把双方的竞争看成是一个正常且不用回避的东西。因为一个良性的竞争，不会让你损伤感情，反而有利于提

No Excuse !

高双方的工作效率，而莫名的谦让就成了一种退让。

如此说来，对待职场上的朋友似乎不同于对待私人朋友，因此也不要以太高的期望值要求对方。当朋友遇到无法解决的难题时，尽自己最大的努力去帮助他；当他获得升迁和加薪的时候，衷心地祝福他，只要你做到合情合理又问心无愧，那么你就达到了顺其自然积累人心的地步，这便足矣。

一直以来，笔者也正为此付出努力。工作中笔者会尽心回报那些卖命工作、对公司尽心负责的员工。因为他们不仅仅是笔者的员工，更是笔者的朋友，笔者知道能收获他们的友谊是自己人生的一大幸事。

面对竞争对手和客户，笔者坚持的原则就是"工作第一，友谊第二"。在不影响工作的前提下，笔者能与他们保持一种友好的关系，而且尽心回报他们给予自己的支持和信赖。笔者相信只要你用心经营，朋友无处不在。

★职场箴言★

*

在职场中笔者有很多朋友，他们有的是笔者的员工，有的是以前的同事和上级，有的是现在的合作伙伴和竞争对手。对朋友的选择，笔者没有太多的限制。因为笔者坚信工作不过就是一个饭碗，摆脱每天8个小时的工作关系，每一个人都是平等友善值得交往的。笔者相信增进这些关系，必定会让自己的职业生涯变得更加丰富多彩和充满智慧。

*

> No Excuse !

附录　一个职业经理人写给员工的一封信

找借口你将随时被替换

职员们：

今天我想说的主要问题是你是否是无可替代的那一个？怎么才能做到不可替代呢？

也许，你已经习惯了这样一个思维模式，即公司是老板的，与你个人无关。公司发展与否，以及衰败与否与你个人无关，大不了你跳槽走人，重新找份工作，换个公司还是比较容易的。

我的兄弟姐妹呀，真的是这样吗？

当你心中充满了高浓度的类似消极念头的时候，当你完全沉溺于个人的想法里的时候，你是否感觉到了一种危险？哪个公司才是最合适的？哪里才是你最佳的选择？前提是什么？

当你觉得公司与你无关，你随时都可以离开公司的时候，你是否能够感觉到其实当你这样想的时候，公司与你也已经若即若离了。

当你不再需要、不再看重并且不再在乎公司的时候，公司与你的关系也会随之变得淡薄和无关紧要。而你也将成为离开的那一个，被淘汰的那一个。

是的，你非常有必要思考一下，你在公司的日子里老板给了你些什么？公司给了你些什么？你的内心是否能够平衡和安静？

可是你在这样想的同时也非常有必要换一个角度来思考一下，你为老板做了什么？你为公司和我们这个团队做了什么？事情总是双向的，不是吗？

除了对公司和老板的抱怨或者说审视之外（这个抱怨和审视是必需的，但是必须建立在公平公道的基础上），你是否也应该审视一下自己？

价值，说到这里的时候我想起这个词语，这不是一般意义的词语。公司生存的根本是我们创造的价值，这是一个不可回避的事实，没有创造价值能力的公司势必会被淘汰。而对我们个人来说，我们之所以为这个社

No Excuse !

会、公司及团队所需要，也在于我们创造的价值。

那么在公司的这些日子，你的价值几何？你创造的价值几何？你是否顺利地利用了这个平台和时间使自己升值？并且回报了公司和团队？

当你不再创造价值，或者你未曾给公司创造价值的时候，你是否还能够在这里待下去？当我们的公司不能创造价值的时候，大家的前途是不是会变得很麻烦？

你是否真的拿出时间来静心想一下，在这些过去的日子里，别人做到了什么程度？并且得到了什么？你做到了什么程度？并且得到了什么？你的付出和收获是否成正比？你和别人相比又有什么差距？你能从这些差距中想到什么？

说到这里，我想还有个态度的问题，即你对公司和团队有什么样的态度？你打心底热爱这个行业吗？你打心底热爱公司并热爱咱们这个团队吗？在公司的日子里你是否在内心里充满了希望和热情？

如果你的内心不曾有过热爱，不曾有过激情，不曾有过干事业的野心和斗志，并且缺乏最根本的积极性和主动性，我想你很难成为无可替代的那一个。当一个人对一个团队和公司来说，成为可有可无的人或无关紧要的的时，即创造不了任何价值的人的时候，我想他离开公司是迟早的事。

同理，一个公司和一个团队对你个人没有了任何的吸引力，没有了任何的潜在的价值和荣誉感，那么这个公司和团队也是不值得你为之奋斗的。

我希望每个人都在内心里反省审视一下自己，看看我们的业务成绩，看看我们的职业态度，看看我们在这一年里是如何融入这个团队的。

我建议每个人都好好地反省思考一下，来年究竟怎样开始我们的工作，即拿出什么样的态度，达到什么样的水平，并且实现什么样的目标。

说实话，在我的内心里对公司的现状和当前我们的处境是不满足的。我做得还不够好，我们做得还远远不够。我们可以走得更远，做得更大，走得更快。我们还需要突破很多约束和禁锢，我们可以有更大的潜力。

我希望在不久的将来，我们这里的每个人对公司和我个人都很满意，对我们的未来充满激情和希望。我们的兄弟姐妹不再为住房子、交房租而为难，不再为医治感冒而心疼钱，不再买地摊货，不再为我们是一家小公司而缺乏自信，不再会在国企和事业单位工作的同学朋友面前感到羞愧，

No Excuse !

不再为家里的父母看病养老需要钱而犯难，不再觉得自己是一个北漂和过客，我们是有组织的人，有目标和未来的人。我们的智慧和才能足可以让我们在北京过得很有尊严并富足，我们完全可以创造更多的价值，达到更高的生活水准。只要我们努力，只要我们给自己这样一个感觉和动力。

人都得有个期盼，人与人的差别就在于这个期盼上。有了这个期盼，有了不懈的努力，只要我们不在这里混日子，只要我们加强对自我的约束和督促，只要我们真的拿出干事业的心态，伙伴们，我们的未来不是梦。三五年之后，我们绝对不是现在的我们。而且我敢说离开这个团队，缺乏梦想与激情的人，三五年后仍然不会有太大的变化。但是跟得上来的人，走得远的人却完全不一样。

真正的事业会让我们觉得每天都很重要，每一份工作都很重要，每一位客户都很重要。我们每一天都要为我们这个团队操心并受累，每一天也在因为我们本身的战斗和努力而感到荣耀和开心，这才是真正在干事业。

如果没有这样的心态，对我们这里没有怀有一份主人的心态和感情，以后切蛋糕分钞票的时候，你好意思拿走你的那一份吗？而且你能拿到多大的一份呢？

出来工作都是有目的和想法的，没有抱负你注定一事无成，不努力工作你也将一事无成。任何回报都不会白白地送到你手上。而干一番事业的过程如同做一顿饭的过程，口味如何、咸淡与否、可口与否，以及冷热与否全在你自己，所以事业大厨是我们自己。最终在时间的天平上，我们会得到一个公正的裁决，得到多少和成就如何全有定论。

简单来说，知道自己要做什么和怎么做的人永远也不会失业。而知道自己要做什么和怎么做，以及为什么做的人就能当老板了。

在现实中，环境永远是变化的，我们要适应并最终改变环境，在这个世界上那些不断超越自己的人最终才可以超越别人。

千万别以为我是在给你们洗脑，我想一个真正有梦想、有激情，并且真正想干些事情的人不需要任何人的说教和诱惑，不需要任何人的督促，任何时候他的内心里总是充满了斗志和激情。

我们来北京不是当过客的，我们也不是出来打酱油的。我们的时间、我们的青春和我们的激情都很珍贵，需要我们用好并用对地方。在新的一年里我欢迎那些不找借口，并且有激情、有梦想、有斗志的伙伴继续留下

No Excuse！

和我继续开拓未来，成就明天；那些没有激情、没有梦想、没有斗志，并且在这里觉得压抑和痛苦，对这个行业、咱们公司和咱们的团队失去信心和感觉的伙伴可以自行散去。

　　真心地感谢公司的每位成员，感谢你们风雨相随的这一年，感谢每位客户给我们机会，感谢我的那些一直以来给我支持和帮助的朋友。